PICTURE DICTIONARY OF CHINESE MEASURE WORDS

汉语量词图解词典

（汉英版）

曾琪　主编

商务印书馆世界汉语教学研究中心　编

Chief Compiler: Zeng Qi

Compiled by: International Chinese Teaching Research Center,
The Commercial Press

SINCE 1897
The Commercial Press

2012年·北京

图书在版编目(CIP)数据

汉语量词图解词典 / 商务印书馆世界汉语教学研究
中心编.—北京:商务印书馆,2012
ISBN 978 - 7 - 100 - 09174 - 9

Ⅰ.①汉…　Ⅱ.①商…　Ⅲ.①汉语—数量词—图解
Ⅳ.①H146.2-64

中国版本图书馆 CIP 数据核字(2012)第 104441 号

HÀNYǓ LIÀNGCÍ TÚJIĚ CÍDIĂN
汉 语 量 词 图 解 词 典
商务印书馆世界汉语教学研究中心 编

商 务 印 书 馆 出 版
(北京王府井大街 36 号　邮政编码 100710)
商 务 印 书 馆 发 行
北京市松源印刷有限公司印刷
ISBN 978 - 7 - 100 - 09174 - 9

2012 年 7 月第 1 版　　　　　开本 787×1092 1/16
2012 年 7 月北京第 1 次印刷　印张 13³⁄₄

定价:98.00 元

主　　编　曾　琪

编　　者　王　红　华　莎　刘玥妍

　　　　　袁　舫　储丹丹　戴军明

英文翻译　华　莎　储丹丹

中文审订　丁安琪

英文审订　Nicholas Richards（加）

责任编辑　戴军明　华　莎

Chief Compiler　Zeng Qi

Compilers　Wang Hong　Hua Sha　Liu Yueyan

　　　　　　Yuan Fang　Chu Dandan　Dai Junming

English Translators　Hua Sha　Chu Dandan

Chinese Reviewer　Ding Anqi

English Reviewer　Nicholas Richards (CA)

Executive Editors　Dai Junming　Hua Sha

目录 Contents

写在前面

　　长期以来，量词一直是外国朋友学习汉语的一大难点。为了帮助外国朋友系统、形象地学习量词，让他们在汉语交际时能正确、贴切地表量达意，我们编写了这本《汉语量词图解词典》。

　　《汉语量词图解词典》选取了210个常用量词，包括名量词、动量词和兼职量词等。每个量词下列出它的常用义项（用法解释）及英文释义、搭配示例（名量搭配、动量搭配）及英文翻译，大部分搭配示例提供图片辅助解释。搭配中涉及名词（含少量名词性词组）908个，名量组合1481个，动量组合108个，其他形式的组合11个。考虑到时间量词、货币量词、度量量词的特殊性，以附录的形式集中放在词典的后面。

　　《汉语量词图解词典》有三大特色：一是图释量词。由于数量是一个图示化的概念，本词典选择了图解的方式，用大量生动、鲜活的照片或手绘图帮助学习者理解量词，降低学习难度。二是考学结合。本词典收录的量词、名词、动词多出自《新汉语水平考试（HSK）大纲》及《新中小学生汉语考试（YCT）大纲》，便于学习者巩固已学词汇，轻松备考。三是提供多种检索方法。本词典正文前提供"中文量词索引"，读者可按照量词检索常见的名词、动词搭配；正文后提供"中文名词索引"和"英文名词索引"，读者既可按照名词检索与之搭配的量词，又可按照英文名词检索对应的汉语名词及名量搭配。

《汉语量词图解词典》图文并茂，体例活泼，力求实现实用性、趣味性的统一。它既是学习量词的工具书，也可以作为汉语量词学习的辅助教材，适合零起点或稍有一点汉语基础的外国朋友及国际汉语教师使用。

国家汉办/孔子学院总部对本词典的编写工作给予了大力支持和认真细致的指导，国内外的许多专家也为本书的编写提供了宝贵意见，在此我们表示诚挚的谢意！

编 者

2012年4月

Preface

Measure words have long been a problem for foreign learners of Chinese. In order to help these learners systematically and conceptually study these measure words, enabling them to accurately communicate and appropriately employ measure words, we have created the *Picture Dictionary of Chinese Measure Words*.

The *Picture Dictionary of Chinese Measure Words* selects 210 frequently used measure words, including nominal measure words, verbal measure words, and concurrent measure words etc. Each word is listed along with its frequent meanings and modes of employment as well as English translations, and usage examples accompanied by translations, with most of these examples having illustrations. 908 associated nouns are listed, along with 1481 noun groupings, 108 verb groupings, and 11 other groupings. As for counter units of time, units of currency, and units of measurement, they are listed in aggregate as appendices at the back of the book.

The *Picture Dictionary of Chinese Measure Words* has three special characteristics. The first is illustrations. As measurement is an iconographic concept, we elected to augment our descriptions with pictures that illustrated this, employing a large amount of lively, vivid pictures and drawings to help the learner comprehend the concepts and make things easier. The second is integration with standardised tests. Most of the measure words, nouns, and verbs employed in this dictionary are key words for the HSK and the YCT examinations, which allows users to solidify their vocabularies and prefer for these tests. The third special feature of the book is the provision of multiple lookup methods. At the start of the book there is a "Chinese Measure Word Index" which allows one to directly look up a measure word and the nouns or verbs frequently associated with it, and after the main entries of the book there is both an English and a Chinese index of nouns, which allows the user to look up a noun and the measure words frequently associated with it, or in the case of the English version, to look up the English words that relate to the corresponding vocabulary items.

The *Picture Dictionary of Chinese Measure Words* includes a large amount of pictures and text in a lively style which makes for a highly useful and usable work that is also interesting. It can be used as a reference work for measure words as well as a study aid, and is targeted towards new and beginning learners and teachers of Chinese.

Hanban/Confucius Institute Headquarters has provided a large amount of support and detailed direction in the formulation and editing of this dictionary, and a number of domestic and foreign experts have also provided much valuable advice and feedback — to all these parties we express our sincere gratitude.

The Compiler

April 2012

中文量词索引 | CHINESE MEASURE WORD INDEX

汉语量词 图解词典

汉语量词 图解词典

bǎ

1 用于有把手或类似把手的东西。
For something with a handle.

yì bǎ sǎn
一把伞
one umbrella

liǎng bǎ dāo
两把刀
two knives

yì bǎ chā zi
一把叉子
one fork

yì bǎ sháo zi
一把勺子
one spoon

yì bǎ chǐ zi
一把尺子
one ruler

yì bǎ chuí zi
一把锤子
one hammer

yì bǎ jiǎn dāo
一把剪刀
one pair of scissors

yì bǎ chá hú
一把茶壶
one teapot

sān bǎ jiàn
三把剑
three swords

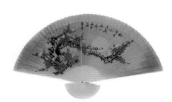

yì bǎ shàn zi
一把 扇子
one fan

yì bǎ hào
一把 号
one trumpet

yì bǎ shū zi
一把 梳子
one comb

yì bǎ suǒ
一把 锁
one lock

yì bǎ yào shi
一把 钥匙
one key

liǎng bǎ yǐ zi
两 把 椅子
two chairs

2 用于一手抓起的数量。
handful

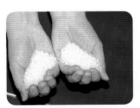

liǎng bǎ mǐ
两 把 米
two handfuls of rice

liǎng bǎ huā shēng
两 把 花 生
two handfuls of peanuts

yì bǎ táng
一把 糖
one handful of candies

yì bǎ xiǎo mài /dào gǔ
一把 小 麦 / 稻谷
one handful of wheat /grain

yì bǎ hú xū
一把 胡须
one handful of beard

yì bǎ huà féi
一 把 化 肥
one handful of fertilizer

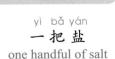

yì bǎ yán
一把 盐
one handful of salt

yì bǎ yù mǐ
一把 玉米
one handful of corn

3 用于小捆成束的东西。
bunch

liǎng bǎ kuài zi
两 把 筷 子
two bunches of chopsticks

yì bǎ xiāng jiāo
一 把 香 蕉
one bunch of bananas

yì bǎ huā
一 把 花
one bunch of flowers

4 用于某些抽象的事物，数词限于"一"。
For certain abstract ideas. Only the numeral 一 can be used.

yì bǎ nián jì
一 把 年 纪
to be getting old

yì bǎ lì qi
一 把 力 气
to be strong

yì bǎ hǎo shǒu
一 把 好 手
to be skilled

5 （动量）用于和手有关的动作、行为。
(verbal measure word) For actions done with the hand.

xǐ yì bǎ liǎn
洗 一 把 脸
to wash one's face

xǐ yì bǎ shǒu
洗 一 把 手
to wash one's hands

cā yì bǎ hàn
擦 一 把 汗
to wipe off one's sweat

lā tā yì bǎ
拉他一把
to pull him up

tuī yì bǎ
推一把
to give a push

yì bǎ jǔ qǐ
一把举起
to lift up

6 （动量）用于表示某些动作行为的次数。一般用于口语。
(verbal measure word) Colloquially represents a number of times something is done.

(dǎ pái) yíng le liǎng bǎ
（打牌）赢了两把
won twice (when playing cards)

（wánr gǔ piào） zhuàn le yì bǎ
（玩儿股票）赚了一把
made money (in the stock market)

bān
班
1 用于人群。
For a group of people.

yì bān xué sheng
一班学生
one class of students

yì bān shì bīng
一班士兵
one group of soldiers

yì bān rén / nián qīng rén / péng you
一班人 / 年轻人 / 朋友
one group of people / young
people / friends

2 用于定时运行的交通运输工具。
Used to indicate the number of runs in transportation.

yì bān fēi jī
一班飞机
one flight

yì bān lún chuán
一班轮船
one ship voyage

yì bān huǒ chē
一班火车
one train journey

yì bān gōng gòng qì chē
一班公共汽车
one bus journey

tóu bān chē
头班车
first bus

mò bān chē
末班车
last bus

bǎn

1 报纸的一页叫一版。
Page of newspaper.

yì bǎn xīn wén
一版新闻
one page of news

tóu bǎn xiāo xi
头版消息
front-page news

mǎn mǎn yì bǎn guǎng gào
满满一版广告
one whole page of advertisement

2 （动量词）书籍排印一次为一版。
(verbal measure word) For the order in which editions are printed.

dì　bǎn
第 11 版
11th edition

yìn le bǎn
印了 5 版
5 editions printed

chū guo liǎng bǎn
出过 两 版
printed twice

bàn

用于像花瓣一样的东西。
petal (segment of garlic or a fruit, etc)

sān bàn huā bàn
三 瓣 花 瓣
three petals

wǔ bàn jú zi
五 瓣 桔子
five pieces of tangerine

wǔ bàn suàn
五 瓣 蒜
five cloves of garlic

bāng

用于人群。
For a group of people.

yì bāng hái zi
一 帮 孩子
a bunch of children

yì bāng xué sheng
一 帮 学 生
a bunch of students

yì bāng yóu kè
一 帮 游客
a group of tourists

yì bāng nián qīng rén
一帮 年 轻 人
a group of young people

yì bāng qún zhòng
一帮 群 众
a group of the public

yì bāng péng you
一帮 朋 友
a group of friends

yì bāng gōng rén
一帮 工 人
a group of workers

yì bāng xiǎo huǒ zi
一帮 小 伙 子
a group of young men

yì bāng dí rén
一帮 敌 人
a group of enemies

yì bāng fěi tú
一帮 匪 徒
a gang of bandits

yì bāng liú máng
一帮 流 氓
a gang of troublemakers

yì bāng xiǎo tōu
一帮 小 偷
a gang of thieves

包 bāo
用于成包的东西。
package; bundle

yì bāo chá yè
一包茶叶
one pack of tea leaves

liǎng bāo diǎn xin
两 包 点 心
two packs of snacks

yì bāo bǐng gān
一包 饼 干
one packet of crackers

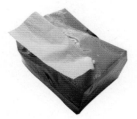

yì bāo zhǐ jīn
一包纸巾
one pack of tissue

yì bāo shū
一包书
one pack of books

yì bāo dōng xi
一包东西
one pack of things

yì bāo zhōng yào
一 包 中 药
one pack of traditional
Chinese medicine

sān bāo táng
三 包 糖
three bags of candy

抱 bào

用于两臂合围的量。
For a quantity of things as being held in both arms.

yí bào yī fu
一 抱 衣 服
a bunch of clothes

yí bào chái huo
一 抱 柴 火
a bundle of firewood

杯 bēi

用于可以用杯子盛装的东西。
cup; glass

liǎng bēi kā fēi
两 杯 咖 啡
two cups of coffee

liǎng bēi kuàng quán shuǐ
两 杯 矿 泉 水
two glasses of mineral water

yì bēi chá
一 杯 茶
one glass of tea

yì bēi niú nǎi
一杯牛奶
one glass of milk

yì bēi pí jiǔ
一杯啤酒
one glass of beer

yì bēi mǐ
一杯米
one cup of rice

běn
用于书、本子等。
For books, notebooks, etc.

yì běn bǐ jì běn
一本笔记本
one notebook

liǎng běn hù zhào
两本护照
two passports

yì běn rì lì
一本日历
one calendar

yì běn jiào cái / shū
一本教材/书
one textbook/book

yì běn cí diǎn
一本词典
one dictionary

sān běn zá zhì
三本杂志
three magazines

yì běn zuò pǐn
一本作品
one piece of work

yì běn màn huà
一本漫画
one comic book

yì běn rì jì běn
一本日记本
one diary book

yì běn xiǎo shuō
一本小说
one novel

yì běn zhuàn jì
一本传记
one biography

yì běn zhù zuò
一本著作
one piece of writing

笔 bǐ

1 用于钱、财产或买卖等。
For sums of money, property, deals, etc.

yì bǐ yā suì qián
一笔压岁钱
one amount of New Year's money

yì bǐ xiàn jīn
一笔现金
one amount of cash

liǎng bǐ kāi zhī
两笔开支
two expenditures

yì bǐ bǔ tiē
一笔补贴
one subsidy

yì bǐ cái chǎn
一笔财产
one piece of property

yì bǐ cái fù
一笔财富
one fortune

yì bǐ dài kuǎn
一笔贷款
one loan

yì bǐ fèi yong
一笔费用
one fee

yì bǐ shōu rù
一笔收入
one amount of income

yì bǐ shōu yì
一笔收益
one amount of income

yì bǐ zī jīn
一笔资金
one amount of funds

yì bǐ zhī chū
一笔支出
one expenditure

yì bǐ zī chǎn
一笔资产
one asset

yì bǐ yù suàn
一笔预算
one budget

yì bǐ mǎi mai
一笔买卖
one business deal

yì bǐ jiāo yì
一笔交易
one deal

yì bǐ shēng yi
一笔生意
one business

yì bǐ jīng fèi
一笔经费
one fund

yì bǐ yè wù
一笔业务
one business

yì bǐ yí chǎn
一笔遗产
one inheritance

yì bǐ shuì
一笔税
one amount of tax

yì bǐ xīn shui
一笔薪水
one salary

yì bǐ fá kuǎn
一笔罚款
one fine

yì bǐ jiǎng jīn
一笔奖金
one bonus

yì bǐ huì lù
一笔贿赂
one bribe

yì bǐ sǔn shī
一笔损失
one loss

yì bǐ qián
一笔钱
one amount of money

2 用于汉字笔画或书法作品。
For strokes of a Chinese character or for calligraphies.

yǒng yǒu wǔ bǐ
"永"有五笔
there are 5 strokes in the character 永

yì bǐ hǎo zì
一笔好字
a good piece of handwriting

biàn
（动量）一个动作、行为从开始到结束的全过程叫一遍。
(verbal measure word) once through; one time

sǎo yí biàn dì
扫一遍地
to sweep the floor

shuā yí biàn qī
刷一遍漆
to paint

shuā yí biàn yá
刷一遍牙
to brush one's teeth

zuò yí biàn shí yàn
做一遍实验
to do an experiment

部 bù

1 用于图书、电影等。
For books, films, etc.

yí bù diàn yǐng
一部电影
one movie

yí bù dòng huà piàn
一部动画片
one cartoon

sān bù shū
三部书
three books

yí bù cí diǎn
一部词典
one dictionary

yí bù zì diǎn
一部字典
one dictionary

yí bù zhù zuò
一部著作
one writing

yí bù lì shǐ
一部历史
one history

yí bù zhuàn jì
一部传记
one biography

yí bù jīng diǎn
一部经典
one classic

yí bù xiǎo shuō
一部小说
one novel

yí bù zuò pǐn
一部作品
one piece of work

yí bù xì jù
一部戏剧
one play

yí bù xiàn fǎ
一部宪法
one constitution

yí bù zhāng chéng
一部章程
one set of regulations

yí bù fǎ lǜ
一部法律
one law

2 用于车辆、机器等。
For vehicles, machines, etc.

yí bù diàn huà
一部 电 话
one telephone

yí bù qì chē
一部 汽车
one car

yí bù jī qì
一部机器
one machine

sān bù shǒu jī
三部 手机
three mobile phones

yí bù jì suàn jī
一部计算机
one computer

yí bù zhào xiàng jī
一部 照 相 机
one camera

yí bù diàn tī
一部 电梯
one escalator

yí bù kǎ chē
一部卡 车
one truck

cān

用于吃饭，一顿饭叫一餐。

For meals.

yì cān fàn
一餐饭
one meal

cè

用于书。

For books.

yí cè dì tú
一册地图
one atlas

shí èr cè jiào cái
十二册教材
twelve textbooks

liǎng cè shū
两册书
two books

céng

1 用于重叠、积累的东西。

storey; floor; layer

liù céng lóu
六层楼
six-floor building

jǐ céng tái jiē
几层台阶
a few steps (of a staircase)

shí sān céng tǎ
十三层塔
thirteen-floor tower

shuāng céng chuāng hu
双 层 窗 户
double-glazed windows

shuāng céng dàn gāo
双 层 蛋糕
double-glazed cake

yì céng céng de rén / jǐ céng rén
一 层 层 的人/几 层 人
lots and lots of people/layers
of people

2 用于覆盖在物体表面的东西。
(for something adhering to the surface of other objects) layer; stratum

yì céng huī
一 层 灰
one film of dust

yì céng mó
一 层 膜
one film of screen protector

yì céng xuě
一 层 雪
one layer of snow

yì céng bō li
一 层 玻璃
one layer of glass

yì céng bīng
一 层 冰
one layer of ice

yì céng yóu qī
一 层 油漆
one layer of paint

yì céng wù
一 层 雾
one layer of fog

yì céng tǔ
一 层 土
one layer of soil

3 用于抽象的概念。
For some abstract ideas.

yì céng yì si
一 层 意 思
one meaning

yì céng gù lü
一 层 顾 虑
one worry

liǎng céng guān xi
两 层 关 系
two relationships

场 cháng

1 用于自然现象。
For natural phenomena.

yì cháng bīng báo
一 场 冰 雹
one hail storm

yì cháng fēng bào
一 场 风 暴
one storm

yì cháng hóng shuǐ
一 场 洪 水
one flood

yì cháng xuě
一 场 雪
one snow fall

yì cháng yǔ
一 场 雨
one rain fall

2 用于疾病、灾难。
For diseases and dizarsters.

yì cháng zāi nàn / zāi hài
一 场 灾难 / 灾害
one disaster

yì cháng huǒ
一 场 火
one fire

yì cháng gǎn mào
一 场 感 冒
one cold

3 用于军事等活动。
For military or other activities.

yì cháng zhàn zhēng / zhàn dòu / zhàn yì
一 场 战 争 / 战 斗 / 战 役
one war / battle / campaign

4 用于言语行为。
For speech acts.

yì cháng jiū fēn
一 场 纠纷
one dispute

yì cháng guān si
一 场 官 司
one lawsuit

yì cháng jiāo dào
一 场 交 道
one dealing

5 （动量）次、回。着重于事情发生的时间过程。
(verbal measure word) once through; one time (emphasize long time and course)

dà xiào yì cháng
大 笑 一 场
to have a good laugh

kū le yì cháng
哭 了 一 场
had a cry

ài yì cháng
爱 一 场
to be in love

bìng yì cháng
病 一 场
to have an illness

dà nào yì cháng
大 闹 一 场
to make a scene

dà gàn yì cháng
大 干 一 场
to make an all-out effort

场 chǎng

1 用于电影、比赛等文娱体育活动。
For movies, games and other recreational or sports activities.

yì chǎng bǐ sài / qiú sài / yùn dòng
一 场 比赛 / 球赛 / 运 动
one game / one ball game / sports

yì chǎng hūn lǐ
一 场 婚礼
one wedding

yì chǎng jiǎng zuò
一 场 讲座
one lecture

yì chǎng diàn yǐng
一 场 电影
one movie

yì chǎng yǎn chū
一 场 演出
one performance

2 戏剧表演中较小的一个片段叫一场。
(of drama) scene

yì chǎng xì
一 场 戏
one scene

3 （动量）用于电影、比赛、考试等有场次或有场地的活动。
(verbal measure word) For recreational or sports activities.

kàn yì chǎng （diàn yǐng）
看一场 （电影）
to watch a movie

yǎn le yì chǎng （xì）
演了一场 （戏）
acted in one scene

dǎ yì chǎng （qiú）
打一 场（球）
to play a game of golf

huá yì chǎng（xuě）
滑一场 （雪）
to go skiing

bǐ yì chǎng
比一 场
to have a game

kǎo yì chǎng （shì）
考一场 （试）
to take an exam

tī yì chǎng （qiú）
踢一场 （球）
to play a football game

chóng

用于多次出现的程度不同的事物。

layer (used to indicate the overlapping or accumulative things)

jǐ chóng shān
几 重 山
a few mountains

liǎng chóng shēn fen
两 重 身 份
dual identity

liǎng chóng yì si
两 重 意 思
double meaning

liǎng chóng mén
两 重 门
double doors

chū

用于戏曲的一个独立剧目。

For operas or plays.

yì chū xì / xì jù
一出戏 / 戏剧
one play

yì chū jīng jù
一出京剧
one Peking opera

chù

1 用于景色、处所。

For a particular landscape or location.

yí chù fēng jǐng
一处风景
one piece of scenery

yí chù gǔ jì / míng shèng
一处古迹 / 名 胜
one historic site/well-known scenic spot

yí chù qiū líng
一处丘陵
one hill

yí chù sēn lín
一处森林
one forest

yí chù shā mò
一处沙漠
one desert

yí chù shā tān
一处沙滩
one beach

yí chù xuán yá
一处悬崖
one cliff

yí chù yuán lín
一处园林
one garden

yí chù zhù zhái / fáng wū
一处住宅 / 房屋
one residence / house

2 用于事物的一部分。
For a part of something.

liǎng chù cuò wù
两 处 错 误
two mistakes

yí chù gù zhàng
一 处 故 障
one malfunction

sān chù wèn tí
三 处 问 题
three problems

chuàn

1 用于串联在一起的东西。通常儿化。
(for a string of things) string; bunch; cluster
Usually followed by the suffix -r.

yí chuàn biān pào
一 串 鞭 炮
one string of firecrackers

yí chuàn zhēn zhū
一 串 珍 珠
one string of pearls

yí chuàn xiàng liàn
一 串 项 链
one necklace

yí chuàn bèi ké
一 串 贝 壳
one string of shells

yí chuàn yào shi
一 串 钥 匙
one set of keys

yí chuàn là jiāo
一 串 辣 椒
one bunch of hot peppers

liǎng chuàn pú tao
两 串 葡 萄
two clusters of grapes

wǔ chuàn yáng ròu chuànr
五 串 羊 肉 串 儿
five lamb skewers

liǎng chuàn táng hú lu
两 串 糖 葫 芦
two sticks of sugarcoated
fruits

2 用于类似连贯成串的事物。
For something look like a string or a bunch.

```
0086 (10) 6232 7531
0086 (10) 6842 2277
0086 (10) 6513 7766
0086 (10) 6841 2211
0086 (10) 6579 7777
```

jǐ chuàn hào mǎ
几 串 号 码
a few strings of
numbers

liǎng chuàn jiǎo yìn
两 串 脚 印
two sets of footprints

3 用于连续性的声音、动作。
For serial voices or movements.

yí chuàn líng shēng
一 串 铃 声
a series of ringtones

yí chuàn xiào shēng
一 串 笑 声
a series of laughs

yí chuàn dòng zuò
一 串 动 作
a series of movements

4 用于连续性的抽象事物。
For serial abstract things.

yù dào yí chuàn wèn tí
遇 到 一 串 问 题
to encounter a series of troubles

jiě jué yí chuàn chuàn máo dùn
解 决 一 串 串 矛 盾
to solve a series of disputes

chuáng

床 用于被子等。
For quilts, etc.

yì chuáng bèi / bèi zi
一 床 被 / 被子
one quilt

yì chuáng máo tǎn
一 床 毛 毯
one blanket

cì

次 1 用于可以重复出现的事情。
(for things that could occur repeatedly) time; occurrence

yí cì bǐ sài
一次比赛
one game

yí cì huì yì
一次会议
one meeting

yí cì jī huì
一次机会
one chance

yí cì shī bài
一次失败
one failure

yí cì cuò zhé
一次挫折
one setback

yí cì gāo kǎo
一次高考
one college-entrance exam

yí cì shì gù
一次事故
one accident

yí cì tái fēng
一次台风
one typhoon

yí cì zāi hài / zāi nàn
一次灾害 / 灾难
one disaster

yí cì shǒu shù
一次手术
one operation

yí cì zhàn zhēng
一次战争
one war

yí cì gāo cháo
一次高潮
one climax

yí cì shì jiàn
一次事件
one incident

yí cì yùn dòng huì
一次运动会
one sports meet

yí cì jī yù
一次机遇
one opportunity

yí cì zhàn dòu
一次战斗
one battle

yí cì zhàn yì
一次战役
one campaign

2 （动量）用于可重复出现的动作、行为、事情的次数。
(verbal measure word) For actions that could occur repeatedly.

kāi yí cì huì
开一次会
to have a meeting

wèi yí cì shí
喂一次食
to feed once

chǎo yí cì jià
吵 一次架
to have a quarrel

bān yí cì jiā
搬 一次 家
to move once

cǎi fǎng guo yí cì
采访 过一次
had one interview

jiàn yí cì miàn
见 一次 面
to meet once

cóng
用于聚集生长在一起的植物。
For a group of plants.

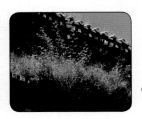

yì cóng cǎo
一丛 草
one clump of grass

jǐ cóng yě huā
几丛 野花
a few clumps of wild
flowers

cù
用于聚集成团成堆的东西。
bunch; cluster

jǐ cù xiān huā
几簇 鲜花
a few clusters of flowers

yí cù cù yàn huǒ
一簇簇 焰火
a few clusters of fireworks

jǐ cù yě huā
几簇 野花
a few clusters of wild
flowers

26

cuō

1 用于手所撮取的东西。
pinch; scoopful; shovelful

yì cuō yán
一 撮 盐
a pinch of salt

yì cuō tǔ
一 撮 土
a pinch of soil

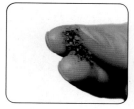

yì cuō là jiāo miànr
一 撮 辣椒面儿
a pinch of hot
pepper powder

yì cuō chá yè
一 撮 茶 叶
a pinch of tea leaves

yì cuō bái táng
一 撮 白 糖
a pinch of sugar

2 借用于极少数的坏人或事物。
For a few bad people or things.

yì cuō liú máng
一 撮 流 氓
a group of troublemakers

yì xiǎo cuō dí rén
一 小 撮 敌人
a small gang of enemies

yì cuō fěi tú
一 撮 匪徒
a small gang of bandits

dá

用于重叠起来的纸张等。

pile (of paper or other thin objects); pad

yì dá chāo piào / qián
一沓钞票 / 钱
one stack of banknotes / money

yì dá xìn fēng
一沓信封
one stack of envelopes

yì dá bào zhǐ
一沓报纸
one stack of newspapers

yì dá míng xìn piàn
一沓明信片
one stack of postcards

yì dá zhào piàn
一沓照片
one stack of photos

yì dá shì juàn
一沓试卷
one pile of test papers

yì dá piào
一沓票
one stack of tickets

dài

用于袋装的东西。

bag; sack; pocket

yí dài niú nǎi
一袋牛奶
one bag of milk

yí dài bǐng gān
一袋饼干
one bag of crackers

yí dài yán
一袋盐
one bag of salt

liǎng dài mǐ
两 袋 米
two bags of rice

liǎng dài miàn
两 袋 面
two bags of flour

liǎng dài miàn bāo
两 袋 面 包
two bags of bread

yí dài shuǐ ní
一 袋 水 泥
one bag of cement

yí dài huà féi
一 袋 化 肥
one bag of fertilizer

yí dài shí pǐn
一 袋 食 品
one bag of food

yí dài huā shēng
一 袋 花 生
one bag of peanuts

 dào

1 用于某些长条形的东西。
For long and narrow objects, or things in the form of a line.

yí dào pù bù
一 道 瀑 布
one waterfall

yí dào zǒu láng
一 道 走 廊
one corridor

yí dào guāng / guāng máng
一 道 光 / 光 芒
one ray of light

yí dào shǎn diàn
一 道 闪 电
one bolt of lightning

yí dào cǎi hóng
一 道 彩 虹
one rainbow

yí dào dī bà
一 道 堤 坝
one dam

yí dào hé
一 道 河
one river

jǐ dào zhòu wén
几 道 皱 纹
a few wrinkles

liǎng dào méi mao
两 道 眉 毛
two eyebrows

2 用于门、墙等。
For doors, gates and walls.

yí dào mén
一 道 门
one door

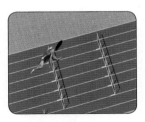

liǎng dào zhàng ài
两 道 障 碍
two obstacles

yí dào qiáng / píng zhàng
一 道 墙 / 屏 障
one wall / barrier

3 用于命令、题目等。
For orders and questions.

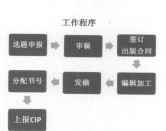

yí dào chéng xù
一 道 程 序
one program

两 道 题 / 练习
liǎng dào tí / liàn xí
two questions / exercises

马上行动！

yí dào mìng lìng
一 道 命 令
one order

jǐ dào shǒu xù
几 道 手 续
several procedures

dī
用于滴下的液体。
(for droppings) drop

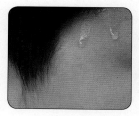

liǎng dī hàn
两 滴 汗
two drops of sweat

yì dī jiǔ jīng
一 滴 酒 精
one drop of alcohol

liǎng dī bí tì
两 滴 鼻涕
two drops of nasal mucus

jǐ dī mò shuǐr
几 滴 墨 水 儿
a few drops of ink

yì dī xiě
一 滴 血
one drop of blood

jǐ dī shuǐ
几 滴 水
a few drops of water

liǎng dī yè tǐ
两 滴 液体
two drops of liquid

点 diǎn

1 用于珠状或点状的东西。
For something shaped like bead or spot.

jǐ diǎn yǔ
几 点 雨
a few drops of rain

liǎng diǎn guāng
两 点 光
two spots of light

sān diǎn bān
三 点 斑
three spots

2 表示不确定的很少量，通常儿化。数词限于"一"。
a little; a bit (for something in tiny amounts)
Usually followed by the suffix -r. Only the numberal 一 can be used.

yì diǎnr yán
一 点 儿 盐
a little salt

yì diǎnr líng qián
一 点 儿 零 钱
a little change

yì diǎnr líng shí
一 点 儿 零 食
a little snack

yì diǎnr xiànr
一 点 儿 馅 儿
a little bit of stuffing

yì diǎnr zhōu
一 点 儿 粥
a little porridge

yì diǎnr jiā wù
一 点 儿 家 务
a little housework

yì diǎnr nài xīn
一 点 儿 耐 心
a little patience

yì diǎnr shōu rù
一 点 儿 收 入
a little income

yì diǎnr shí huì
一 点 儿 实 惠
a little benefit

yì diǎnr wù huì / wù jiě
一 点 儿 误 会 / 误 解
a little misunderstanding

yì diǎnr jī lěi
一 点 儿 积 累
a little accumulation

yì diǎnr wù chā
一 点 儿 误 差
a little error

yì diǎnr yǐng xiǎng
一 点 儿 影 响
a little influence

yì diǎnr yìn xiàng
一 点 儿 印 象
a little impression

yì diǎnr zōng jì
一 点 儿 踪 迹
a little trace

3 用于意见、建议等分项的事物。
For items of opinion, suggestion, etc.

多喝水，多休息。

liǎng diǎn jiàn yì
两 点 建 议
two suggestions

wǔ diǎn yāo qiú
五 点 要 求
five requirements

yì diǎn lǐ yóu
一 点 理 由
one reason

liǎng diǎn yì jiàn
两 点 意见
two opinions

jǐ diǎn tǐ huì
几 点 体 会
some understanding

dié

用于分层放的或折叠的东西。

wad; pack; pile (for objects piled up in layers; folded or overlapped)

yì dié chāo piào
一叠 钞 票
one stack of banknotes

yì dié bào zhǐ
一叠 报 纸
one stack of newspapers

yì dié dàng àn
一叠 档 案
one stack of files

yì dié yī fu
一叠 衣服
one stack of clothes

yì dié wǎn
一叠 碗
one stack of bowls

dǐng

用于某些有顶的东西。

For things which have a top.

yì dǐng mào zi
一 顶 帽子
one cap

yì dǐng zhàng peng
一 顶 帐 篷
one tent

yì dǐng wén zhàng
一 顶 蚊 帐
one mosquito net

dòng

房屋一座叫一栋。
For buildings.

yí dòng bié shù
一 栋 别 墅
one villa

liǎng dòng dà shà
两 栋 大 厦
two mansions

yí dòng fáng zi / jiàn zhù
一 栋 房 子 / 建 筑
one house / building

dǔ

用于墙。
For walls.

yì dǔ qiáng
一 堵 墙
one wall

yì dǔ qiào bì
一 堵 峭 壁
one cliff

duàn

1 用于长条形的东西分成的若干部分。
section; segment; part

jǐ duàn guǎn zi
几 段 管 子
a few tubes

yí duàn gāo sù gōng lù
一 段 高 速 公 路
one section of highway

yí duàn shéng zi
一 段 绳 子
one section of rope

sān duàn mù tou
三 段 木 头
three chunks of wood

yí duàn là zhú
一 段 蜡烛
one candle stump

2 用于一定长度的时间或路程。
For a period of time or a stretch of way.

yí duàn hūn yīn
一 段 婚姻
one marriage

yí duàn lì shǐ
一 段 历 史
one history

yí duàn jì yì
一 段 记忆
one memory

---

yí duàn jù lí
一 段 距离
some distance

yí duàn jīng lì
一 段 经历
one experience

yí duàn kòng xián
一 段 空闲
one period of leisure

yí duàn shí jiān
一 段 时 间
one period of time

yí duàn shí guāng
一 段 时 光
one period of time

yí duàn suì yuè
一 段 岁月
a few years

yí duàn wǎng shì
一 段 往 事
one period of the past

yí duàn zāo yù
一 段 遭 遇
one bad experience

yí duàn ēn yuàn
一 段 恩 怨
one period of grievance

3 用于话语和文艺作品等的一部分。
paragraph; passage

yí duàn wǔ dǎo
一 段 舞 蹈
one dance

你好！我要订房间。

好的，今晚还有一个标准间。

yí duàn duì huà
一 段 对 话
one conversation

yí duàn lù yīn
一 段 录 音
one recording

yí duàn wén zhāng
一 段 文 章
one passage

yí duàn shén huà
一 段 神 话
one myth

yí duàn yīn yuè
一 段 音 乐
one piece of music

yí duàn gù shi
一 段 故 事
one section of a story

yí duàn guǎng bō
一 段 广 播
one broadcasting

yí duàn jiàn wén
一 段 见 闻
one piece of knowledge

yí duàn lái lì
一 段 来 历
one origin

yí duàn xián huà
一 段 闲 话
one chat

yí duàn chuán shuō
一 段 传 说
one legend

堆 duī

1 用于堆积的东西。
For things piled up.

yì duī liáng shi
一堆粮食
one pile of grain

yì duī shuǐ guǒ
一堆水果
one pile of fruit

yì duī méi tàn
一堆煤炭
one pile of coal

yì duī shū
一堆书
one stack of books

yì duī shí tou
一堆石头
one pile of stones

yì duī mián huā
一堆棉花
one pile of cotton

yì duī xuě
一堆雪
one pile of snow

yì duī zhuān
一堆砖
one pile of bricks

yì duī lā jī
一堆垃圾
one pile of garbage

yì duī zhā zi
一堆渣子
one pile of dregs

yì duī huī
一堆灰
one pile of ashes

yì duī yī fu
一堆衣服
one pile of clothes

2 用于聚集在一起的人。
(for people gathering together) crowd

yì duī hái zi
一 堆 孩子.
a group of children

yì duī rén
一 堆 人
a crowd of people

yì duī gōng rén
一 堆 工 人
a group of workers

3 用于抽象的事物。
For abstract things.

yì duī gōng zuò
一 堆 工 作
a pile of work

yì duī wèn tí
一 堆 问 题
a bunch of questions

yì duī fèi huà
一 堆 废 话
a bunch of nonsense

duì
用于排列成行的人或车、马等。
For persons, vehicles, horses, etc that are arranged formally.

yí duì qì chē
一 队 汽车
one team of cars

yí duì shì bīng
一 队 士 兵
one squad of soldiers

yí duì xué sheng
一 队 学 生
one group of students

对 duì

1 用于性别相对的成双的人或动物。
(for male and female human beings or animals in pair) couple; brace

yí duì fū fù
一对夫妇
one couple

yí duì gē zi
一对鸽子
one pair of pigeons

yí duì yuān yang
一对鸳鸯
one brace of mandarin duck
and drake

2 用于左右对称的器官或肢体。
For symmetrical organs or limbs.

yí duì chì bǎng
一对翅膀
one pair of wings

yí duì（wān wān de）méi mao
一对（弯弯的）眉毛
one pair of (curved) eyebrows

yí duì（dà）ěr duo
一对（大）耳朵
one pair of (big) ears

yí duì xī gài
一对膝盖
one pair of knees

yí duì jiǎo
一对角
one pair of horns

yí duì（dà）yǎn jing
一对（大）眼睛
one pair of (big) eyes

3 用于左右、正反相对的成双的事物。
For two things associated or used together.

yí duì ěr huán
一对耳环
one pair of earrings

yí duì biàn zi
一对辫子
one pair of braids

yí duì máo dùn
一对矛盾
one contradiction

4 有时只是"双"的意思，不含性别、左右、正反等意思。
pair

yí duì shuāng bāo tāi
一对双胞胎
one pair of twins

yí duì xiōng dì
一对兄弟
one pair of brothers

yí duì zhěn tou
一对枕头
one pair of pillows

liǎng duì diàn chí
两对电池
two pairs of batteries

yí duì bēi zi
一对杯子
one pair of glasses

yí duì shā fā
一对沙发
one pair of sofas

dùn

1 （动量）用于吃饭。
(verbal measure word) For meals.

chī yí dùn
吃一顿
to have a meal

hē yí dùn
喝一顿
to have a drink

2 （动量）用于打骂、批评、劝说等行为。
(verbal measure word) For beating, scolding, trying to persuade, etc.

dǎ yí dùn
打一顿
to beat

pī píng yí dùn
批评一顿
to criticize

mà yí dùn
骂一顿
to scold

jiào yù yí dùn
教育一顿
to teach a lesson

duǒ

用于花朵或像花朵一样的东西。
For flowers or things shaped like flowers.

liǎng duǒ huā / méi gui huā
两朵花 / 玫瑰花
two flowers / roses

liǎng duǒ yún
两朵云
two clouds

fā

用于枪弹、炮弹。
For bullets, shells.

liǎng fā zǐ dàn
两发子弹
two bullets

sān fā pào dàn
三发炮弹
three shells

fān

（动量）回，次。用于花费精力较多或过程较长的行为。数词限于"一"。
(verbal measure word) For actions requiring a lot of effort or time. Only the numeral 一 can be used.

tǎo lùn yì fān
讨论一番
to discuss

dǎ ban yì fān
打扮一番
to dress up

jiào xùn yì fān
教训一番
to teach someone a lesson

sī kǎo yì fān
思考一番
to think over

ān wèi yì fān
安慰一番
to comfort

fēn

1

整体分成相等的十份，其中一份叫一分。
Partial measure word for one-tenth of the whole.

jǐ fēn bǎ wò
几分把握
a little assurance

yì fēn xī wàng
一分希望
a little hope

sān fēn quē diǎn   qī fēn yōu diǎn
三分缺点，七分优点
seventy percent good, thirty percent bad

2 用数字表示的考试或比赛的成绩。
point; score; mark

yǔ wén kǎo le fēn
语文 考了 100 分
Chinese class 100%

tā zài zhè chǎng lán qiú sài zhōng dé le fēn
他 在 这 场 篮 球 赛 中 得 了 12 分。
He scored 12 points in this basketball game.

 份 **fèn**

1 用于整体中分出的部分或组成整体的部分，可以儿化。
For a separate part of the whole. Can be followed by the suffix -r .

sān fèn dàn gāo
三份蛋糕
three servings of cake

yí fèn bào chou **一份 报 酬** one reward	yí fèn yí chǎn **一份 遗 产** one heritage	fèn gǔ fèn **2000 份 股份** 2,000 shares of stock
yí fèn chǎn yè **一份 产 业** one estate	liǎng fèn gōng zuò **两 份 工 作** two jobs	yí fèn gōng zī **一份 工 资** one salary
liǎng fèn jiān zhí **两 份 兼职** two part-time jobs	yí fèn （hǎo） zhí yè **一份 （好） 职业** one (good) occupation	yí fèn cái chǎn **一份 财 产** one property

2 用于搭配成组的东西，可以儿化。
For a group of things. Can be followed by the suffix -r.

liǎng fèn bīng qí lín
两 份 冰 淇 淋
two servings of ice cream

liǎng fèn diǎn xin
两 份 点 心
two servings of snacks

yí fèn lǐ wù
一 份 礼 物
one gift

yí fèn tāng
一 份 汤
one serving of soup

yí fèn bǎo xiǎn
一 份 保 险
one insurance

yí fèn guǎng gào
一 份 广 告
one advertisement

3 用于报纸、杂志、文件等。
For newspapers, magazines, documents, etc.

yí fèn bào zhǐ
一 份 报 纸
one newspaper

yí fèn zá zhì
一 份 杂 志
one magazine

yí fèn cài dān
一 份 菜 单
one menu

yí fèn zhèng jiàn
一 份 证 件
one credential

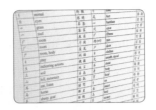

yí fèn biǎo gé
一 份 表 格
one form

yí fèn zhèng shū
一 份 证 书
one certificate

yí fèn dàng àn
一 份 档 案
one file

yí fèn shì juàn
一 份 试 卷
one test paper

yí fèn jiǎn lì
一 份 简 历
one resume

yí fèn zhí zhào
一 份 执 照
one license

yí fèn qǐng jiǎn / qǐng tiě
一 份 请 柬 / 请 帖
one invitation

yí fèn wén jiàn
一 份 文 件
one document

yí fèn bào gào
一 份 报 告
one report

yí fèn cái liào
一 份 材 料
several materials

yí fèn dá àn
一 份 答 案
one answer

yí fèn fā yán
一 份 发 言
one speech

yí fèn chuán zhēn
一 份 传 真
one fax

yí fèn hé tong
一 份 合 同
one contract

yí fèn jiǎn chá
一份检查
one letter of apology

yí fèn jì lù
一份记录
one record

yí fèn jì yào
一份纪要
one summary

yí fèn jiàn dìng
一份鉴定
one appraisal

yí fèn zǒng jié
一份总结
one summary

yí fèn shuō míng
一份说明
one manual

yí fèn tí gāng
一份提纲
one outline

yí fèn tiáo yuē
一份条约
one treaty

yí fèn bèi wàng lù
一份备忘录
one memorandum

yí fèn qíng bào
一份情报
one intelligence report

yí fèn xié yì
一份协议
one agreement

yí fèn zhèng míng
一份证明
one certificate

4 用于抽象的事物。
For abstract things.

yí fèn （hǎo）xīn qíng
一份（好）心情
a (good) mood

yí fèn yuē dìng
一份约定
one pact

yí fèn yǒu yì
一份友谊
a friendship

yí fèn xīn dé
一份心得
gained knowledge

yí fèn xīn xuè
一份心血
an effort

yí fèn yì wù
一份义务
an obligation

yí fèn gòng xiàn
一份贡献
one contribution

yí fèn gōng láo
一份功劳
one contribution

yí fèn jīng yàn
一份经验
one experience

yí fèn rè qíng
一份热情
one passion

yí fèn zé rèn
一份责任
one responsibility

yí fèn lì liàng
一份力量
one's strength

fēng
用于信、电报等。
For letters, telegrams, etc.

yì fēng diàn zǐ yóu jiàn
一封电子邮件
one e-mail

yì fēng xìn
一封信
one letter

yì fēng qǐng jiǎn
一封请柬
one invitation

fú
用于布、字画、标语等。
For cloth, paintings, banners, etc.

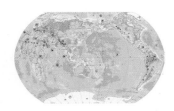

liǎng fú chuāng lián
两幅窗帘
two curtains

yì fú dì tú
一幅地图
one map

yì fú xiào xiàng
一幅肖像
one portrait

yì fú bù
一幅布
one piece of cloth

liǎng fú zhào piàn
两幅照片
two photos

fù
用于中药药剂。
(for traditional Chinese medicine) dose

yí fù yào
一服药
one dose of medicine

fù

1 用于成双或成套的东西。
For pairs or sets of things.

yí fù duì lián
一副对联
one pair of couplets

yí fù guǎi zhàng
一副拐杖
one pair of crutches

yí fù shǒu tào
一副手套
one pair of gloves

yí fù yǎn jìng
一副眼镜
one pair of glasses

yí fù guó jì xiàng qí
一副国际象棋
one chess set

2 用于人的相貌或表情、嗓音（通常名词前要有修饰语）。
For persons' appearance or facial expression, voice (nouns usually with modifier).

yí fù (tiān zhēn de) shén tài
一副（天真的）神态
a (naive) expression

yí fù xiào liǎn
一副笑脸
a smiling face

yí fù (jīng yà de) yàng zi
一副（惊讶的）样子
a (surprised) look

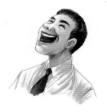

yí fù (dé yì de) shén qíng
一副（得意的）神情
a (proud) expression

yí fù (hǎo) sǎng zi
一副（好）嗓子
a (good) voice

yí fù (jiāo ào de) shén qì
一副（骄傲的）神气
a (proud) air

yí fù (gāo gāo zài shàng de) zī tài
一副（高高在上的）姿态
a (superior) attitude

yí fù (jīng huāng de) shén sè
一副（惊慌的）神色
a (panicked) expression

 gè

1 用于没有专用量词的名词。
For the nouns without special measure words.

yí gè bēi zi
一个杯子
one glass

yí gè bāo guǒ
一个包裹
one parcel

yí gè bí zi
一个鼻子
one nose

yí gè bèi yǐng
一个背影
one back

yí gè bàng wǎn
一个傍晚
one evening

yí gè xī guā
一个西瓜
one watermelon

yí gè ài hào
一个爱好
one hobby

yí gè bàn fǎ
一个办法
one method

yí gè jué sè
一个角色
one role

2 用于代替一些专用量词。
Used to replace certain measure words.

yí gè bó shì
一 个 博 士
one doctor

yí gè bīng xiāng
一 个 冰 箱
one refrigerator

yí gè bǐ sài
一 个 比 赛
one game

yí gè bàn gōng shì
一 个 办 公 室
one office

yí gè diàn nǎo
一 个 电 脑
one computer

yí gè bān zhǔ rèn
一 个 班 主 任
one homeroom teacher

根 gēn
用于细长或长条的东西。
For long, thin objects.

yì gēn guǎi zhàng
一 根 拐 杖
one crutch

jǐ gēn zhēn
几 根 针
a few needles

yì gēn yāo dài
一 根 腰 带
one belt

sān gēn huǒ chái
三 根 火 柴
three matches

yì gēn guǎn zi
一 根 管 子
one hose

yì gēn mù tou
一 根 木 头
one piece of wood

yì gēn bàng zi / gùn bàng
一 根 棒 子 / 棍 棒
one stick

sì gēn kuài zi
四 根 筷 子
four chopsticks

yì gēn qiān bǐ
一 根 铅 笔
one pencil

sì gēn xián
四 根 弦
four strings

wǔ gēn shǒu zhǐ
五 根 手 指
five fingers

yì gēn huáng guā
一 根 黄 瓜
one cucumber

yì gēn shéng zi
一 根 绳 子
one rope

jǐ gēn zhú zi
几 根 竹 子
a few bamboos

jǐ gēn tóu fa / máo
几 根 头 发 / 毛
several hairs

sān gēn xiāng jiāo
三 根 香 蕉
three bananas

sān gēn yǔ máo
三 根 羽 毛
three feathers

yì gēn wěi ba
一 根 尾 巴
one tail

---

jǐ gēn miàn tiáo
几 根 面 条
a few noodles

yì gēn yóu tiáo
一 根 油 条
one fried dough stick

yì gēn gǔ tou
一 根 骨 头
one bone

sì gēn là zhú
四 根 蜡 烛
four candles

sì gēn zhī zhù
四 根 支 柱
four pillars

jǐ gēn cǎo
几 根 草
a few blades of grass

yì gēn cì
一 根 刺
one thorn

yì gēn biàn zi
一 根 辫 子
one braid

yì gēn shén jīng
一 根 神 经
one nerve

股 gǔ

1 用于条形的东西。
For long, narrow things.

yì gǔ quán shuǐ
一 股 泉 水
one stream of spring water

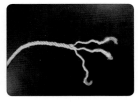

jǐ gǔ shéng zi
几 股 绳 子
a few ravels of a rope

liǎng gǔ xiàn
两 股 线
two plies of thread

2 用于气流、气味、力气等。
For air, smell, strength, etc.

yì gǔ qì wèi
一股气味
a smell

yì gǔ rè qíng
一股热情
an enthusiastic mood

yì gǔ zhèng qì
一股正气
upright

yì gǔ fēng 一股风 a gust of wind	yì gǔ gàn jìn 一股干劲 a burst of vigour	yì gǔ jìn tóu 一股劲头 a surge of momentum
yì gǔ lì qi 一股力气 a burst of strength	yì gǔ qì shì 一股气势 an imposing posture	yì gǔ qián lì 一股潜力 a potential
yì gǔ shì lì 一股势力 a force	yì gǔ yǒng qì 一股勇气 a courage	yì gǔ lì liàng 一股力量 a burst of strength

3 用于成批的人。
For a group of people.

yì gǔ dí rén
一股敌人
a group of enemies

yì gǔ fěi tú / dǎi tú / huài dàn
一股匪徒 / 歹徒 / 坏蛋
a gang of bandits / gangsters / bastards

guà

用于成套或成串的东西。

For a set or string of things.

yí guà biān pào
一挂 鞭 炮
one string of firecrackers

yí guà xiāng jiāo
一挂 香 蕉
one bunch of bananas

yí guà pù bù
一挂瀑布
one waterfall

yí guà zhēn zhū
一挂 珍珠
one string of pearls

yí guà pú tao
一挂 葡萄
one strand of grapes

yí guà là jiāo
一挂辣椒
a string of hot peppers

guǎn

用于细长圆筒形的东西。

For long, thin cylinder-shaped things.

yì guǎn yá gāo
一管牙膏
one tube of toothpaste

yì guǎn gāng bǐ
一管 钢笔
one pen

yì guǎn dēng / rì guāng dēng
一管 灯 / 日 光 灯
one light / fluorescent light

háng

用于排列成直线形的人或事物。

For a group of people or things arranged in a row or series.

32415-4950-5837-6932-4960
49503-1002-4860-3985-5922
29855-4930-5938-5839-2003

一个人的价值，应该看他贡献
什么，而不应当看他取得什么。

从明天起，做一个幸福的人
喂马、劈柴，周游世界
从明天起，关心粮食和蔬菜
我有一所房子，面朝大海，春暖花开
从明天起，和每一个亲人通信
告诉他们我的幸福
那幸福的闪电告诉我的
我将告诉每一个人

sān háng hào mǎ
三 行 号 码
three lines of numbers

liǎng háng zì
两 行 字
two lines of characters

bā háng shī
八 行 诗
eight lines of a poem

yì háng biāo tí
一 行 标 题
a one-line title

yì háng shù
一 行 树
one row of trees

WSIENRWOLE
SOEMHIERNR

liǎng háng zì mǔ
两 行 字 母
two lines of letters

yì háng zì mù
一 行 字 幕
one line of subtitles

yì háng duì wu
一 行 队 伍
one line of troops

yì háng lèi
一 行 泪
one stream of tears

hé

用于装进盒子的东西。
For things in boxes.

yì hé míng piàn
一盒名片
one box of business cards

yì hé huǒ chái
一盒火柴
one box of matches

yì hé zhǐ jīn
一盒纸巾
one box of tissue

liǎng hé niú nǎi
两盒牛奶
two boxes of milk

yì hé qiǎo kè lì
一盒巧克力
one box of chocolate

liǎng hé kā fēi
两盒咖啡
two boxes of coffee

hú

用于壶装的液体。
For liquid in pots.

yì hú chá
一壶茶
one pot of tea

bàn hú yóu
半壶油
half pot of oil

yì hú jiǔ
一壶酒
one jug of liquor

hù
用于人家。
For families.

yí hù rén jiā
一户人家
one family

yí hù nóng mín
一户农民
one family of farmers

huí

1 用于事情。
For matters.

liǎng huí shì
两回事
two different matters

2 表示说书的一个段落、章回小说的一章。
chapter

hóng lóu mèng yǒu   huí
《红楼梦》有120回。
A Dream of Red Mansions is composed of 120 chapters.

3 （动量）用于行为、动作的次数。
(verbal measure word) time; occasion

jiàn guo yì huí
见过一回
met once

dǎ guo yì huí diàn huà
打过一回电话
called once

cān guān yì huí
参观一回
to visit once

lái guo liǎng huí
来过两回
have come twice

shì yì huí
试一回
to try once

kàn wàng yì huí péng you
看望一回朋友
to call on a friend once

dǎ guo jǐ huí jiāo dào
打过几回交道
have come into contract with
somebody several times

chī yì huí shuàn huǒ guō
吃一回涮火锅
to have hot pot once

huǒ
伙
用于人群。
For a group of people.

yì huǒ rén
一伙人
one group of people

yì huǒ liú máng
一伙流氓
one group of
troublemakers

yì huǒ nián qīng rén
一伙年轻人
one group of young people

yì huǒ dǎi tú
一伙歹徒
one group of gangsters

yì huǒ fěi tú
一伙匪徒
one group of bandits

级 jí

1 用于台阶、楼梯等。
For steps, stairs, etc.

jǐ jí tái jiē
几级台阶
a few steps

jǐ jí lóu tī
几级楼梯
a few stairs

2 用于等级。
For level, grade, rank, class, scale, etc.

shí èr jí tái fēng
十二级台风
a level 12 typhoon

bā jí dì zhèn
八级地震
a Magnitude-8.0 earthquake

èr jí fēng
二级风
a force 2 wind

剂 jì

用于中药。
For traditional Chinese medicine.

yí jì yào
一剂药
a dose of medicine

jiā

1 用于计算家庭。
For families.

liǎng jiā qīn qi
两 家亲戚
two families of relatives

yì jiā rén jiā
一家人家
one family

2 用于计算工厂、商店等。
For business establishments.

yì jiā cān tīng / fàn guǎn
一家餐厅 / 饭馆
one restaurant

yì jiā shāng diàn
一家商店
one store

yì jiā jiàn shēn fáng
一家健身房
one gym

yì jiā gōng chǎng / qǐ yè
一家工厂 / 企业
one factory / enterprise

yì jiā dān wèi
一家单位
one unit (as an organization)

yì jiā jiā yóu zhàn
一家加油站
one gas station

yì jiā bó wù guǎn
一家博物馆
one museum

yì jiā tú shū guǎn
一家图书馆
one library

yì jiā jiǔ bā
一家酒吧
one bar

yì jiā bào shè
一家报社
one newspaper office

yì jiā chāo shì
一家超市
one supermarket

yì jiā dòng wù yuán
一家动物园
one zoo

yì jiā dà shǐ guǎn
一家大使馆
one embassy

yì jiā diàn tái
一家电台
one radio station

yì jiā jù lè bù
一家俱乐部
one club

yì jiā fǎ yuàn
一家法院
one court

yì jiā gōng sī
一家公司
one company

yì jiā yī yuàn
一家医院
one hospital

yì jiā yín háng
一家银行
one bank

yì jiā bīn guǎn
一家宾馆
one hotel

jià

1 用于有支柱的东西或某些机械。
For airplanes, machines, and instruments which rest on a tripod or stand.

yí jià fēi jī
一架飞机
one plane

yí jià zhào xiàng jī
一架照相机
one camera

yí jià gāng qín
一架钢琴
one piano

2 （动量）用于吵架、打架等行为。
(verbal measure word) For arguments or physical altercations.

dǎ yí jià
打一架
to have a fight

chǎo yí jià
吵 一架
to have a quarrel

gàn le jǐ jià
干了几架
had several fights

jiān
间
用于房屋。
For rooms.

yì jiān bàn gōng shì
一间办公室
one office

yì jiān jiào shì
一间教室
one classroom

yì jiān wèi shēng jiān / cè suǒ
一间卫生间/厕所
one toilet

yì jiān chú fáng
一间厨房
one kitchen

yì jiān kè tīng / wū zi
一间客厅/屋子
one living room / room

yì jiān wò shì / sù shè
一间卧室/宿舍
one bedroom / dormitory

yì jiān shū fáng
一间书房
one office

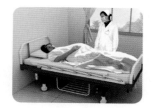

yì jiān bìng fáng
一间病房
one hospital room

yì jiān chē kù
一间车库
one garage

jiàn

1 用于衣服（泛指衣服或指上衣）。
For clothing, or for upper outer garments.

yí jiàn chèn shān
一件衬衫
one shirt

liǎng jiàn qí páo
两件旗袍
two cheongsams

yí jiàn shí zhuāng
一件时装
one fashion

liǎng jiàn yī fu
两件衣服
two articles of clothing

yí jiàn yǔ róng fú
一件羽绒服
one down jacket

yí jiàn zhì fú
一件制服
one uniform

2 用于文件、事情等。
For documents, articles, cases, etc.

yí jiàn shì qing
一件事情
one thing

liǎng jiàn àn jiàn
两件案件
two cases

yǐ jiàn gōng zuò
几件工作
a few pieces of work

yí jiàn wǎng shì
一件往事
one story of the past

3 用于家具、首饰等个体事物。
For furniture, jewelry, etc.

yí jiàn biāo běn
一件标本
one specimen

jǐ jiàn gōng jù
几件工具
several tools

yí jiàn gǔ dǒng
一件古董
one antique

yí jiàn yuè qì
一件乐器
one musical instrument

yí jiàn gōng yì pǐn
一件工艺品
one handicraft

yí jiàn wǔ qì
一件武器
one weapon

yí jiàn zuò pǐn
一件作品
one piece of work

liǎng jiàn qì cái
两件器材
two pieces of equipments

yí jiàn yí qì
一件仪器
one instrument

yí jiàn bǎo bèi
一件宝贝
one treasure

jǐ jiàn shǒu shi
几件首饰
a few pieces of jewelry

jǐ jiàn jiā jù
几件家具
a few pieces of furniture

liǎng jiàn zhèng jù
两件证据
two pieces of evidence

yí jiàn wén wù
一件文物
one historical relic

yí jiàn lǐ wù
一件礼物
one gift

觉 jiào

（动量）用于睡眠的次数。

(verbal measure word) For instances of sleeping.

shuì yí jiào
睡一觉
to have a sleep

节 jié

1 用于分段的东西。
For things with joints, or things that are usually jointed.

sì jié diàn chí
四节电池
four batteries

yì jié chē xiāng
一节车厢
one train car

sān jié gǔ tou
三节骨头
three bones

liǎng jié zhú zi
两节竹子
two sections of bamboo

2 用于课的数量。
For classes.

yì jié kè
一节课
one class

截 jié

用于长条形的东西切出的部分。
(for long and narrow parts which are cut or divided into) section; chunk; length

liǎng jié mù tou
两截木头
two sections of wood

sān jié guǎn zi
三截管子
three sections of pipe

jǐ jié huáng guā
几截黄瓜
a few sections of cucumber

yì jié shéng zi
一截 绳 子
a small length of rope

yì jié là zhú
一截 蜡烛
one candle stump

yì jié qiān bǐ
一截 铅笔
one pencil stump

jiè

用于定期的会议或毕业的班级等。
For meetings, graduating classes, etc.

yí jiè bǐ sài
一届比赛
one heat of a competition

yí jiè huì yì
一届会议
one session of a conference

yí jiè bì yè shēng
一届毕业 生
one graduation

jú

（动量）用于计量下棋或球类等，比赛进行一次叫一局。
(verbal measure word) game; set; innings

xià le liǎng jú
下了 两局
to play two (chess) games

yíng / wánr le yì jú
赢 / 玩儿了一局
to win / play a game

bǐ / dǎ le yì jú
比 / 打了一局
to have a competition

jù

用于话或诗文。

For sentences or poems.

春眠不觉晓，
处处闻啼鸟。
夜来风雨声，
花落知多少。

sì jù shī
四句诗
four lines of a poem

yí jù chéng yǔ
一句成语
one idiom

liǎng jù duì huà
两句对话
two dialogues

jǐ jù láo sāo
几句牢骚
a few complaints

yí jù shí huà
一句实话
one word of truth

liǎng jù fèi huà
两句废话
two words of nonsense

jǐ jù xián huà
几句闲话
some gossips

juǎn

用于成卷儿的东西，通常儿化。

(for something shaped like a roll) roll; spool; reel
Usually followed by the suffix -r.

yì juǎn zhǐ
一卷纸
one roll of toilet paper

yì juǎn sī chóu
一卷丝绸
one roll of silk

liù juǎn bù
六卷布
six rolls of cloth

juàn

用于全书的一部分，也用于书籍的数量。

chapter; section; volume

liǎng juàn shū
两卷书
two volumes of books

kē

用于植物。
For plants.

liǎng kē cài
两棵菜
two heads of vegetables

liǎng kē （xiǎo） cǎo
两棵（小）草
two tufts of grass

liǎng kē shù
两棵树
two trees

yì kē kē yù mǐ
一棵棵玉米
corn stalks

jǐ kē zhí wù
几棵植物
a few plants

xǔ duō kē zhú zi
许多棵竹子
a few stalks of bamboos

kē

用于圆形或颗粒状的东西。
For anything small and round shaped.

liù kē pú tao
六颗葡萄
six grapes

wǔ kē huā shēng
五颗花生
five peanuts

shí jǐ kē liáng shi
十几颗粮食
a few grains

jǐ shí kē mǐ

几十颗米

a few grains of rice

liǎng kē táng

两颗糖

two candies

liǎng kē luó sī dīng

两颗螺丝钉

two screws

liǎng kē zuàn shí

两颗钻石

two diamonds

liǎng kē zhēn zhū

两颗珍珠

two pearls

jǐ kē niǔ kòur

几颗纽扣儿

a few buttons

qī kē xīng xing

七颗星星

seven stars

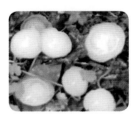

jǐ kē bīng báo

几颗冰雹

a few hailstones

yì kē wèi xīng

一颗卫星

one satellite

liǎng kē yá

两颗牙

two teeth

yì kē ài xīn

一颗爱心

loving care

kǒu
口

1 用于人或猪。
For persons in a family or pigs.

yì kǒu zhū
一口猪
one pig

sān kǒu rén
三口人
three people

2 用于有口（或类似有口）或有刃的东西。
For something with an opening of a blade, such as wells, pans, knives, etc.

yì kǒu jǐng
一口井
one well

yì kǒu guō
一口锅
one pot

yì kǒu zhōng
一 口 钟
one bell

yì kǒu dāo
一口刀
one knife

3 用于语言，数词限于"一"。
For languages, only the numberal 一 can be used.

yì kǒu fāng yán
一口方言
(to speak) with an accent

yì kǒu pǔ tōng huà
一口普通话
(to speak) with Mandarin

4 用于与口腔有关的东西。
For oral-related things.

yì kǒu fàn
一口饭
one sip / mouth of meal

yì kǒu shuǐ
一口水
one sip of water

yì kǒu tāng
一口汤
one sip of soup

yì kǒu qì
一口气
a breath

yì kǒu tuò mo
一口唾沫
a mouthful of saliva

5 （动量）用于吃、喝、吞的动作。
For quantity of eating or drinking.

chī yì kǒu
吃一口
to take a bite

cháng yì kǒu
尝一口
to have a taste

hē yì kǒu
喝一口
to have a drink

块 kuài

用于块状或片状的东西。

lump; piece

liǎng kuài ròu

两 块 肉

two pieces of meat

sān kuài gǔ tou

三块骨头

three bones

liǎng kuài dòu fu

两 块 豆 腐

two pieces of tofu

yí kuài xī guā

一块西瓜

one piece of watermelon

sān kuài tǔ dòu

三块土豆

three potatoes

sān kuài bǐng gān

三块饼干

three crackers

jǐ kuài dàn gāo

几块蛋糕

a few pieces of cake

liǎng kuài diǎn xin

两 块 点 心

two snacks

liǎng kuài táng

两 块 糖

two pieces of candy

sì kuài qiǎo kè lì
四块 巧克力
four pieces of chocolate

yí kuài jī ròu
一块肌肉
one muscle

yí kuài pí fū
一块皮肤
one area of skin

yí kuài huà shí
一块化石
one fossil

yí kuài huáng jīn
一块 黄金
one piece of gold

yí kuài bì yù
一块碧玉
one piece of jade

yí kuài bù
一块布
one piece of cloth

yí kuài máo jīn
一块毛巾
one towel

sān kuài pí gé
三块皮革
three pieces of leather

yí kuài shǒu biǎo
一块手表
one watch

liǎng kuài xiàng pí
两块橡皮
two erasers

liǎng kuài féi zào
两块肥皂
two pieces of soap

yí kuài shí tou
一块石头
one stone

yí kuài yán shí
一块岩石
one rock

yí kuài zhuān
一块 砖
one brick

jǐ kuài wǎ
几块瓦
a few tiles

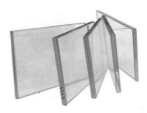

jǐ kuài bō li
几块玻璃
a few pieces of glass

jǐ kuài mù tou
几块木头
a few pieces of wood

yí kuài hēi bǎn
一块黑板
one blackboard

yí kuài dì tǎn
一块地毯
one piece of rug

yí kuài lù dì
一块陆地
one piece of land

yí kuài cǎo dì
一块草地
one piece of lawn

yí kuài gēng dì
一块 耕地
one piece of farmland

yí kuài zhèn dì
一块 阵地
one position

yí kuài tǔ dì
一块土地
one piece of land

kǔn
用于捆起来的东西。
(for something bound together) bundle

liǎng kǔn cài
两 捆 菜
two bundles of vegetables

yì kǔn sī chóu
一 捆 丝 绸
one bundle of silk

yì kǔn bù
一 捆 布
one bundle of cloth

yì kǔn bào zhǐ
一 捆 报 纸
one bundle of newspapers

yì kǔn zá zhì
一 捆 杂 志
one bundle of magazines

yì kǔn shū
一 捆 书
one bundle of books

liǎng kǔn chái
两 捆 柴
two bundles of firewood

yì kǔn rén mín bì
一 捆 人 民 币
one bundle of RMB notes

jǐ kǔn fā piào
几 捆 发 票
stacks of invoices

yì kǔn cǎo
一 捆 草
one bundle of hay

类 lèi

用于人或事物的等级或种类。

kind; type

liǎng lèi rén
两 类 人
two kinds of people

yí lèi shāng pǐn
一类 商 品
one kind of commodity

yí lèi dòng wù
一 类 动 物
one kind of animal

sān lèi shū
三 类 书
three types of books

liǎng lèi jué sè
两 类 角色
two types of roles

liǎng lèi yì jiàn
两 类 意见
two types of opinions

粒 lì

用于颗粒状的东西。

For something shaped like granule or bead.

wǔ lì huā shēng
五粒花 生
five peanuts

jǐ shí lì liáng shi
几十粒粮 食
dozens of grains

jǐ lì xiǎo mài
几 粒小 麦
a few grains of wheat

shí jǐ lì yù mǐ
十几粒玉米
a few grains of corn

liù lì pú tao
六粒葡萄
six grapes

sān lì yào
三粒药
three capsules

jǐ lì bīng báo
几粒冰雹
a few hailstones

liù lì niǔ kòur
六粒纽扣儿
six buttons

sān lì táng
三粒糖
three candies

yí lì zuàn shí
一粒钻石
one diamond

liǎng lì zhēn zhū
两粒珍珠
two pearls

辆 liàng
用于车。
For vehicles, such as buses, carts, bicycles, etc.

yí liàng chū zū chē
一辆出租车
one taxi

yí liàng jiù hù chē
一辆救护车
one ambulance

yí liàng gōng gòng qì chē
一辆公共汽车
one bus

yí liàng kǎ chē
一辆卡车
one truck

yí liàng mó tuō chē
一辆摩托车
one motorcycle

yí liàng zì xíng chē
一辆自行车
one bicycle

 列 liè

用于火车或成行的人或事物。
row; column

yí liè huǒ chē
一列火车
one train

jǐ liè duì wu
几列队伍
a few columns of troops

yí liè shì bīng
一列士兵
one column of soldiers

 绺 liǔ

用于线、麻、头发等许多根顺着聚在一起。
For thread, hair, etc.

liǎng liǔ tóu fa
两绺头发
two locks of hair

sān liǔ hú xū
三绺胡须
three locks of beard

jǐ liǔ xiàn
几绺线
a few locks of thread

liù
用于成排的人或事物。
line; column; row

yí liù shù
一溜树
one row of trees

yí liù fáng zi
一溜房子
one row of houses

yí liù duì wu
一溜队伍
one row of a formation

 lún
用于太阳、月亮等。
For the sun, moon, etc.

yì lún (hóng) tài yáng
一轮(红)太阳
one red sun

yì lún (yuán yuán de) yuè liang
一轮(圆圆的)月亮
one round moon

 luò
用于重叠放置的东西。
For something piled up or overlapped.

yí luò wǎn
一摞碗
one stack of bowls

yí luò shū
一摞书
one stack of books

yí luò bèi zi
一摞被子
one pile of quilts

méi

1 用于形状较小的东西或硬币等。
For small-piece things such as coins, badges.

sān méi jī dàn
三 枚 鸡 蛋
three eggs

yì méi jiè zhi
一 枚 戒 指
one ring

jǐ méi qí zǐ
几 枚 棋 子
a few chess pieces

jǐ méi yìng bì
几 枚 硬 币
a few coins

SINCE 1897

yì méi shāng biāo
一 枚 商 标
one trademark

yì méi yóu piào
一 枚 邮 票
one stamp

2 用于子弹、炮弹等。
For bullets, shells.

yì méi dǎo dàn
一 枚 导 弹
one missile

yì méi huǒ jiàn
一 枚 火 箭
one rocket

wǔ méi zǐ dàn
五 枚 子 弹
five bullets

mén

1 用于功课、学科等。
For subjects of study.

liǎng mén kè chéng / gōng kè
两 门 课 程 / 功 课
two courses

yì mén kē xué
一 门 科 学
one science

yì mén yì shù
一 门 艺 术
one art

2 用于技术。
For technology.

yì mén jì shù
一 门 技 术
one kind of technology

yì mén shǒu yì
一 门 手 艺
one craft

3 用于炮。
For cannons.

yì mén dà pào
一 门 大 炮
one cannon

4 用于亲戚或亲事。
For relatives or marriages.

yì mén qīn qi
一 门 亲戚
relatives

yì mén qīn shì
一 门 亲事
one marriage

面 miàn

1 用于扁平或能展开的东西。
For flat or spreadable things.

yí miàn qí zhì
一 面 旗帜
one banner

yí miàn jìng zi
一 面 镜子
one mirror

yí miàn qiáng
一 面 墙
one wall

2 （动量）用于见面的次数。
(verbal measure word) For times of meeting.

jiàn yí miàn
见 一 面
to meet

jiàn guo liǎng miàn
见过 两 面
have met twice

yí miàn zhī jiāo
一 面 之 交
have met once

míng
名

1 用于某种职业、身份的人。
For people.

yì míng biān jí
一名 编辑
one editor

yì míng bǎo mǔ
一名 保姆
one nanny

yì míng jǐng chá
一名 警察
one police officer

yì míng cái feng
一名 裁缝
one tailor

yì míng cái pàn
一名 裁判
one referee

yì míng dǎo yóu
一名 导游
one tour guide

liǎng míng yán jiū shēng
两名 研究生
two postgraduates

yì míng huàn zhě
一名 患者
one patient

yì míng yī shēng
一名 医生
one doctor

yì míng zhuān jiā
一 名 专 家
one expert

yì míng dāng shì rén
一 名 当 事 人
one litigant

yì míng sī jī
一 名 司 机
one driver

yì míng shì bīng
一 名 士 兵
one soldier

yì míng fǎ guān
一 名 法 官
one judge

yì míng lǎo rén
一 名 老 人
one elderly person

yì míng xué sheng
一 名 学 生
one student

jǐ míng gōng rén
几 名 工 人
several workers

liǎng míng qiú mí
两 名 球 迷
two fans

yì míng chéng yuán
一 名 成 员
one member

yì míng yīng xióng
一 名 英 雄
one hero

yì míng zhì yuàn zhě
一 名 志 愿 者
one volunteer

yì míng dài biǎo
一名代表
one representative

yì míng guān zhòng
一名观众
one audience

yì míng jiā bīn
一名嘉宾
one guest

yì míng guàn jūn
一名冠军
one champion

yì míng shēn shì
一名绅士
one gentleman

yì míng xuǎn shǒu
一名选手
one contestant

yì míng dǎi tú
一名歹徒
one gangster

yì míng fěi tú
一名匪徒
one bandit

yì míng nóng mín
一名农民
one farmer

2 用于名次。
For the place in a competition.

huò dé dì yī míng
① 获得第一名
to win first place

dì èr míng
② 第二名
second place

dì sān míng
③ 第三名
third place

qián sān míng
④ 前三名
the top three

pái

用于排成行列的人或事物。

row

yì pái zì xíng chē
一排自行车
one row of bicycles

yì pái duì wu
一排队伍
one row of troops

yì pái niǔ kòur
一排纽扣儿
one row of buttons

liǎng pái zuò wèi
两排座位
two rows of seats

yì pái fáng zi
一排房子
one row of houses

yì pái shù
一排树
one row of trees

pài

1 用于景色、声音、语言等，数词一般限于"一"。
For scene, atmosphere, speech, etc. Only the numberal 一 can be used.

yí pài (hǎo) fēng guāng
一派(好)风光
(good) scenery

yí pài (fán róng) jǐng xiàng
一派(繁荣)景象
a (prosperous) scene

yí pài hú yán
一派胡言
a bunch of nonsense

yí pài (dà hǎo) xíng shì
一派（大好）形势
a (great) situation

yí pài (mí rén) jǐng sè
一派（迷人）景色
(charming) scenery

yí pài (xīn) qì xiàng
一派（新）气象
a (new) atmosphere

yí pài wú liáo zhī yán
一派无聊之言
a bunch of boring words

2 用于派别。
school; party

liǎng pài chéng yuán / rén
两派成员／人
two schools of members / people

liǎng pài yì jiàn / guān diǎn
两派意见／观点
two different opinions

盘 pán

1 用于用盘子盛放的东西。
For dishes.

yì pán cài
一盘菜
one dish

yì pán huā shēng
一盘花生
one plate of peanuts

yì pán ròu
一盘肉
one plate of meat

yì pán diǎn xin
一 盘 点 心
one plate of snacks

yì pán shuǐ guǒ
一 盘 水 果
one plate of fruits

yì pán jiǎo zi
一 盘 饺 子
one plate of dumplings

2 用于棋类。
For chess.

yì pán xiàng qí
一 盘 象 棋
one game of Chinese chess

yì pán guó jì xiàng qí
一 盘 国 际 象 棋
one game of chess

yì pán wéi qí
一 盘 围 棋
one game of Go chess

3 用于盘状或绕成盘状的东西。
For any plate-like thing.

yì pán diàn xiàn
一 盘 电 线
one coil of wire

yì pán xiāng
一 盘 香
one coil of incense

liǎng pán cí dài
两 盘 磁 带
two tapes

4 （动量）用于棋类和乒乓球比赛。
(verbal measure word) For chess, table tennis, etc.

xià / wánr　le　yì pán qí
下 / 玩 儿 了 一 盘 棋
played a game of chess

dǎ le　yì pán pīng pāng qiú
打 了 一 盘 乒 乓 球
played a table tennis game

pěng

用双手捧起的量。
double handful

yì pěng huā
一 捧 花
a double handful of flowers

yì pěng huā shēng
一 捧 花 生
a double handful of peanuts

yì pěng táng
一 捧 糖
a double handful of candies

pī

1 用于大宗货物。
For a group of goods or other things.

yì pī gōng yì pǐn
一 批 工 艺 品
a group of handicrafts

yì pī shāng pǐn
一 批 商 品
a group of commodities

yì pī zī liào
一批资料
a stock of materials

yì pī shuǐ guǒ
一批水果
a stock of fruit

yì pī liáng shi
一批粮食
a stock of grain

yì pī dǎo dàn
一批导弹
a stock of missiles

yì pī dú pǐn
一批毒品
a stock of drugs

yì pī gǔ dǒng
一批古董
a stock of antiques

yì pī huǒ yào
一批火药
a stock of gunpowder

yì pī yí chǎn
一批遗产
a heritage

yì pī guǒ shí
一批果实
a stock of fruit

yì pī wǔ qì
一批武器
a stock of weapons

yì pī rì yòng pǐn
一批日用品
a stock of daily necessities

yì pī yí qì
一批仪器
a stock of instruments

2 用于多数的人。
For a group of people.

yì pī guān zhòng
一批观众
an audience

yì pī yóu kè
一批游客
a group of tourists

yì pī xué sheng
一批学生
a group of students

<table>
<tr>
<td>
yì pī qún zhòng
一 批 群 众
a group of the public
</td>
<td>
yì pī yí mín
一 批 移 民
a group of immigrants
</td>
<td>
yì pī dí rén
一 批 敌 人
a group of enemies
</td>
</tr>
<tr>
<td>
yì pī xuǎn shǒu
一 批 选 手
a group of contestants
</td>
<td>
yì pī gù kè
一 批 顾 客
a group of customers
</td>
<td>
yì pī yán jiū shēng
一 批 研 究 生
a group of postgraduates
</td>
</tr>
</table>

匹 pǐ

1 用于马、驴、骆驼等动物。
For horses, donkeys, camels, etc.

yì pǐ mǎ
一匹马
one horse

yì pǐ láng
一匹狼
one wolf

yì pǐ luò tuo
一 匹 骆 驼
one camel

2 用于成卷的布或其他纺织品。
For rolls of cloth, silk, etc.

liǎng pǐ bù
两 匹 布
two bolts of cloth

yì pǐ sī chóu
一匹丝绸
a bolt of silk

篇 piān

用于文字作品或材料。
For literal works or material.

yì piān tóng huà
一篇童话
one fairy tale

liǎng piān wén zhāng
两篇文章
two articles

liǎng piān zuò wén
两篇作文
two compositions

yì piān bào dào
一篇报道
one news report

yì piān bào gào
一篇报告
one report

yì piān chuàng zuò
一篇创作
one creative work

yì piān gù shi
一篇故事
one story

yì piān gǎo jiàn
一篇稿件
one manuscript

yì piān lùn wén
一篇论文
one paper

yì piān rì jì
一篇日记
one diary

yì piān shén huà
一篇神话
one myth

yì piān sǎn wén
一篇散文
one essay

yì piān tōng xùn
一篇通讯
one news feature

yì piān wén xiàn
一篇文献
one piece of literature

yì piān xīn wén
一篇新闻
one news item

yì piān xiǎo shuō
一篇小说
one novel

yì piān xīn dé
一篇心得
gained knowledge

yì piān xù yán
一篇序言
one preface

yì piān piān yù yán
一篇篇寓言
chapters of fables

yì piān zuò pǐn
一篇作品
one work

yì piān zhāi yào
一篇摘要
one abstract

片 piàn

1 用于薄片状的小东西。
For slices.

sān piàn huā bàn
三 片 花 瓣
three petals

jǐ piàn miàn bāo
几 片 面 包
a few slices of bread

liǎng piàn ròu
两 片 肉
two slices of meat

sān piàn yǔ máo
三 片 羽 毛
three feathers

sì piàn yào
四 片 药
four pills

wǔ piàn yè zi
五 片 叶 子
five leaves

liǎng piàn zuǐ chún
两 片 嘴 唇
two lips

jǐ piàn yún
几 片 云
a few pieces of cloud

yí piàn xuě huā
一 片 雪 花
one snowflake

2 用于较大的面积或空间。
For a stretch of area or space.

yí piàn chí táng
一片池塘
one pond

yí piàn cǎo dì
一片草地
one section of lawn

yí piàn dà hǎi / hǎi yáng
一片大海/海洋
one sea / ocean

yí piàn fèi xū
一片废墟
an area of ruins

yí piàn guǎng chǎng
一片广场
one square

yí piàn shù lín
一片树林
one wood

yí piàn shā tān
一片沙滩
one beach

yí piàn tián yě
一片田野
one field

yí piàn yuán lín
一片园林
one garden

yí piàn zhǎo zé
一 片 沼泽
one swamp

yí piàn hú pō
一 片 湖泊
one lake

yí piàn jǐng sè
一 片 景色
one landscape

yí piàn lù dì
一 片 陆地
one land

yí piàn shā mò
一 片 沙漠
one desert

yí piàn tǔ dì
一 片 土地
one piece of land

3 用于声、光、感情、心意等。
For sound, light, feeling, mind, scene, etc. Only the numberal 一 can be used.

yí piàn dú shū shēng
一 片 读书声
sound of reading

yí piàn ài xīn
一 片 爱心
loving care

yí piàn yáng guāng
一 片 阳 光
an expanse of sunshine

yí piàn kòng bái
一 片 空 白
blankness

撇 piě
用于像撇的东西。
For things shaped like a left-falling stroke.

yì piě hú xū
一 撇 胡须
one tuft of mustache

liǎng piě méi mao
两 撇 眉毛
a pair of eyebrows

píng

用于瓶装的东西。

For things held in a bottle.

yì píng cù
一 瓶 醋
one bottle of vinegar

liǎng píng yǐn liào
两 瓶 饮料
two bottles of drinks

yì píng kuàng quán shuǐ
一 瓶 矿 泉 水
one bottle of mineral water

yì píng niú nǎi
一 瓶 牛奶
one bottle of milk

yì píng pí jiǔ
一 瓶 啤酒
one bottle of beer

yì píng wéi shēng sù
一 瓶 维 生 素
one bottle of vitamins

yì píng jiāo shuǐ
一 瓶 胶水
one bottle of glue

yì píng xǐ fà shuǐ
一 瓶 洗 发 水
one bottle of shampoo

yì píng mò shuǐr
一 瓶 墨水儿
one bottle of ink

期 qī

用于按一定时间进行、发生的事物（如报刊、活动）。
For things scheduled by period.

sān qī zá zhì
三期杂志
three issues of magazines

yì qī bào zhǐ
一期报纸
one issue of a newspaper

yì qī péi xùn bān
一期培训班
one training course

起 qǐ

用于事故、事件、案件等。
For events, accidents, cases, etc.

yì qǐ àn jiàn
一起案件
one case

yì qǐ guān si
一起官司
one lawsuit

yì qǐ shì jiàn
一起事件
one incident

yì qǐ shì gù
一起事故
one accident

yì qǐ jiū fēn
一起纠纷
one dispute

yì qǐ zhēng duān
一起争端
one conflict

quān

1 用于围成圈的人群或事物。
For people and objects forming a ring.

yì quān rén
一 圈 人
a circle of people

yì quān shù
一 圈 树
a circle of trees

yì quān qiáng
一 圈 墙
a circle wall

yì quān yǐ zi
一 圈 椅子
a circle of chairs

2 （动量）用于沿圆形轨道进行的动作。
(verbal measure word) For motion of turning in a circle.

zhuàn yì quān
转 一 圈
to turn around

pǎo yì quān
跑 一 圈
to run around

zǒu liǎng quān
走 两 圈
to walk around twice

quán

（动量）用于和拳头有关的动作。

(verbal measure word) For actions using or involving the fist.

dǎ yì quán
打一 拳
to give a punch

qún

用于聚集在一起的很多人或物。

group; herd; flock

yì qún guān zhòng
一群 观 众
an audience

yì qún hái zi
一群孩子
a group of children

yì qún xué sheng
一群学 生
a group of students

yì qún mì fēng
一群 蜜 蜂
a swarm of bees

yì qún yáng
一群 羊
a flock of sheep

yì qún niú
一群 牛
a herd of cattle

yì qún niǎo
一群 鸟
a flock of birds

yì qún yā zi
一群鸭子
a group of ducks

yì qún dǎo yǔ
一群岛屿
a group of islands

yì qún rén
一群人
a group of people

yì qún gù kè
一群顾客
a group of customers

yì qún fù nǚ
一群妇女
a group of women

yì qún dí rén
一群敌人
a group of enemies

yì qún shēng chù
一群 牲 畜
a group of livestocks

yì qún láng
一群 狼
a pack of wolves

yì qún hóu zi
一群 猴子
a group of monkeys

yì qún yú
一群鱼
a group of fish

yì qún gē zi
一群 鸽子
a flock of pigeons

rèn

（动量）用于担任官职的次数。

(verbal measure word) For the number of terms served on an official post.

(zǒng tǒng) gàn le liǎng rèn
（ 总 统 ）干了两任
served two terms (as president)

dāng le liǎng rèn (zǒng cái)
当了两任（总裁）
served two terms (as president)

dāng guo yí rèn (xiào zhǎng)
当过一任（校长）
has been (principal) for one term

扇 shàn

用于门、窗等。
For doors, windows, etc.

liǎng shàn chuāng hu
两 扇 窗 户
two windows

yí shàn mén
一 扇 门
one door

身 shēn

1 用于成套的衣服或装扮。
(for clothes) suit

yì shēn dǎ ban
一 身 打 扮
what somebody is wearing

yì shēn (mín zú) fú zhuāng
一 身 (民 族) 服 装
one ethnic costume

yì shēn qí páo
一 身 旗 袍
one piece of cheongsam

yì shēn yī fu
一 身 衣 服
one suit

yì shēn zhì fú
一 身 制 服
one uniform

2 用于与身体有关的事物（全身覆盖），数词限于"一"。
For something covering the whole body. Only the numeral 一 can be used.

yì shēn hàn
一身汗
with sweat all over the body

yì shēn jī ròu
一身肌肉
with firm muscles

yì shēn tǔ
一身土
with dirt all over the body

yì shēn bā
一身疤
all covered with scars

yì shēn shuǐ
一身水
with water all over the body

3 用于一些抽象名词，数词限于"一"。
For some abstract nouns. Only the numeral 一 can be used.

yì shēn zhèng qì
一身正气
upright

yì shēn lì qi
一身力气
quite strong

yì shēn gōng fu
一身功夫
with *kung fu* skills

yì shēn běn lǐng
一身本领
to have abilities

yì shēn jiāo qi
一身娇气
frail and sensitive

shēng

（动量）用于发出声音的次数。
(verbal measure word) For times of giving sounds out.

hǎn yì shēng
喊 一 声
to yell

jiào yì shēng
叫 一 声
to scream

zhāo hu yì shēng
招 呼 一 声
to say "what's up"

shǒu

1 用于粘在手上的东西，数词限用"一、两"。
For things dipped on one's hand. Only the numeral 一, 两 can be used.

yì shǒu mò shuǐr
一 手 墨 水 儿
one ink-covered hand

yì shǒu yóu qī
一 手 油 漆
one paint-covered hand

liǎng shǒu yóu
两 手 油
two oil-covered hands

2 用于技能、本领等，数词限于"一、两、几"。
For skill or dexterity. Only the numberal 一, 两, 几 can be used.

yì shǒu běn lǐng
一 手 本 领
very good ability

yì shǒu jì néng
一 手 技 能
a good skill

yì shǒu hǎo cài
一 手 好 菜
good cooking

yì shǒu hǎo zì
一 手 好 字
good handwriting

3 用于掌握的资料或经手的顺序，常与序数词结合。
For something when passed on through one, two, or three people. Usually used together with ordinals.

dì yī shǒu cái liào
第一手材料
first-hand materials

èr shǒu huò
二手货
second hand

èr shǒu fáng
二手房
second-hand housing

èr shǒu xìn xī
二手信息
second-hand information

èr shǒu shāng pǐn
二手商品
second-hand commodity

shǒu
首
用于诗词、歌曲等。
For poems and songs.

yì shǒu shī
一首诗
one poem

yì shǒu qǔ zi
一首曲子
one melody

yì shǒu gē
一首歌
one song

shù
束
1 用于捆在一起的东西。
(for something bundled up) bundle; bunch; sheaf

yí shù huā
一束花
one bouquet of flowers

yí shù méi guī huā
一束玫瑰花
one bouquet of roses

yí shù tóu fa
一束头发
one bunch of hair

2 用于细长的光线等。
For rays of light and some other long, thin objects.

yí shù guāng
一 束 光
one ray of light

jǐ shù yáng guāng
几 束 阳 光
several rays of sunshine

jǐ shù guāng máng
几 束 光 芒
several rays of light

 shuāng

1 用于人或动物的成对的肢体或器官（如眼睛、耳朵等）。
For eyes, hands, feet, etc.

① yì shuāng yǎn jing
一 双 眼睛
one pair of eyes

② yì shuāng ěr duo
一 双 耳朵
one pair of ears

③ yì shuāng gē bo
一 双 胳膊
one pair of arms

④ yì shuāng shǒu
一 双 手
one pair of hands

⑤ yì shuāng tuǐ
一 双 腿
one pair of legs

⑥ yì shuāng jiǎo
一 双 脚
one pair of feet

yì shuāng chì bǎng
一 双 翅 膀
one pair of wings

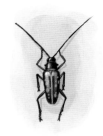

yì shuāng chù jiǎo
一 双 触 角
one pair of antennas

2 用于成对的东西或人。
pair (for shoes, socks, etc)

yì shuāng pí xié
一 双 皮 鞋
one pair of leather shoes

yì shuāng shǒu tào
一 双 手 套
one pair of gloves

yì shuāng xié
一 双 鞋
one pair of shoes

liǎng shuāng wà zi
两 双 袜子
two pairs of socks

liǎng shuāng kuài zi
两 双 筷 子
two pairs of chopsticks

yì shuāng ér nǚ
一 双 儿 女
son and daughter

丝 sī

1 用于极细的东西。
thread; shred

jǐ sī zhòu wén
几丝皱纹
a few wrinkles

jǐ sī tóu fa
几丝头发
a few threads of hair

yì sī guāng
一丝 光
a glimmer of light

yì sī fēng
一丝 风
a trace of wind

2 用于细微的表情或想法。
(for some abstract things such as slim facial expressions, ideas) trace

yì sī hén jì
一丝痕迹
one trace

yì sī wēi xiào
一丝微笑
a trace of a smile

yì sī yí hàn
一丝遗憾
a trace of regret

yì sī xī wàng
一丝希望
a glimmer of hope

艘 sōu

用于船只。
For boats or ships.

yì sōu (xiǎo) chuán
一艘（小）船
one (small) boat

yì sōu jiàn tǐng
一艘舰艇
one naval vessel

yì sōu lún chuán
一艘轮船
one ship

suǒ

用于房屋、学校、医院等。

For houses, schools, hospitals, etc.

yì suǒ bīn guǎn
一所宾馆
one hotel

yì suǒ zhōng xué
一所中学
one middle school

yì suǒ gōng yù
一所公寓
one apartment

yì suǒ yī yuàn
一所医院
one hospital

yì suǒ yòu ér yuán
一所幼儿园
one kindergarten

yì suǒ jiān yù
一所监狱
one prison

yì suǒ yín háng
一所银行
one bank

yì suǒ yóu jú
一所邮局
one post office

yì suǒ zhù zhái
一所住宅
one residence

tái

1 用于机器设备。
For certain machinery, apparatus, instruments, etc.

yì tái bīng xiāng
一台 冰 箱
one refrigerator

yì tái diàn nǎo
一台 电 脑
one computer

yì tái diàn shì
一台 电 视
one TV

yì tái gāng qín
一台 钢 琴
one piano

yì tái kōng tiáo
一台 空 调
one air conditioner

yì tái shōu yīn jī
一台 收 音 机
one radio

yì tái xǐ yī jī
一台洗衣机
one washing machine

yì tái yí qì
一台 仪 器
one instrument

yì tái jī qì
一台 机 器
one machine

2 用于戏剧节目。
For a complete performance, such as drama, song and dance.

yì tái xì
一台戏
one play

yì tái wǎn huì
一台 晚会
one evening party

yì tái jié mù
一台节目
one programme

tān
摊

1 用于摊开的液体或糊状的东西。
For paste or thick liquid.

yì tān shuǐ
一摊 水
one puddle of water

yì tān ní
一摊泥
one puddle of mud

2 用于杂而多的事情。
For miscellaneous things.

yì tān shì qing / huór
一摊事情 / 活儿
a pile of things / work

堂 táng

用于上课的节数。
For segmented classes.

yì táng kè
一堂课
one lesson

sì táng kè
四堂课
four lessons

课程表（初中二年级）

	星期一	星期二	星期三	星期四	星期五
上午	数学	政治	数学	化学	语文
	生物	历史	外语	历史	生物
	外语	语文	生物	数学	音乐
	历史	数学	物理	地理	外语
下午	语文	体育	音乐	物理	政治
	数学	外语	语文	美术	化学
	地理	音乐	政治	生物	数学

趟 tàng

1 用于排成行的东西。
For things arranged in a row.

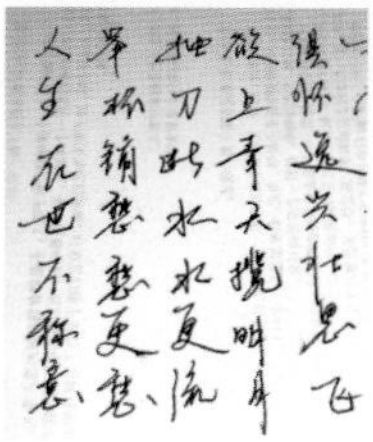

jǐ tàng zì
几趟字
a few lines of characters

yí tàng jiē
一趟街
one street

yí tàng zhuō zi
一趟桌子
one row of desks

yí tàng shù
一趟树
one row of trees

yí tàng rén
一趟人
one row of people

2 用于运行的车辆等。
For a single scheduled trip of a train, plane, ship, etc.

yí tàng huǒ chē
一 趟 火 车
one train journey

yí tàng gōng gòng qì chē
一 趟 公 共 汽 车
one bus journey

3 （动量）表示来回的次数，一来一回为一趟。
(verbal measure word) For a round trip.

chū le tàng chāi
出 了 趟 差
went on a business trip

shàng yí tàng cè suǒ
上 一 趟 厕 所
to go to the toilet

qù liǎng tàng
去 两 趟
to go two times

bái pǎo yí tàng
白 跑 一 趟
to make a fruitless trip

tào

1 用于成组的事物。
(for objects, events in group) set; suit; suite; series

yí tào bié shù
一套别墅
one villa

yí tào zhù zhái
一套住宅
one residence

yí tào jiā jù
一套家具
one set of furniture

yí tào shā fā
一套沙发
one set of sofas

yí tào yīn xiǎng
一套音响
one set of stereos

yí tào guāng pán
一套光盘
one set of CDs

yí tào bēi zi
一套杯子
one set of cups

yí tào shè shī
一套设施
one set of facilities

yí tào shè bèi
一套设备
one set of equipment

liǎng tào zhuāng bèi
两套装备
two sets of equipments

yí tào qì cái
一套器材
one set of equipment

yí tào wán jù
一套玩具
one set of toys

liǎng tào wén jù
两套文具
two sets of stationery

yí tào shū
一套书
one set of books

yí tào cí diǎn
一套词典
one set of dictionaries

yí tào zì diǎn
一套字典
one set of dictionaries

yí tào jiào cái
一套教材
one set of teaching materials

yí tào fú zhuāng / yī fu
一套服装 / 衣服
one suit

liǎng tào zhì fú
两套制服
two uniforms

yí tào shí zhuāng
一套时装
one suit of fashion

yí tào tǐ xì
一套体系
one system

2 用于方法、本领或手段。
For skills or methods.

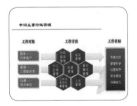

yí tào fāng fǎ
一套方法
one set of methods

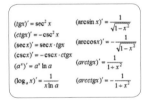

yí tào gōng shì
一套公式
one set of formulas

yí tào tài jí quán
一套太极拳
one set of T'ai Chi moves

yí tào bàn fǎ
一套办法
one set of methods

yí tào fāng àn
一套方案
one program

yí tào gōng fu
一套功夫
one set of *kung fu* moves

tiáo

1 用于长条形的东西。
For long or narrow or thin things.

yì tiáo shé
一条蛇
one snake

yì tiáo chóng zi
一条 虫 子
one worm

yì tiáo lóng
一条 龙
one dragon

yì tiáo gǒu
一条 狗
one dog

yì tiáo láng
一条 狼
one wolf

yì tiáo yú
一条 鱼
one fish

yì tiáo bèi zi
一条 被子
one quilt

yì tiáo chuáng dān
一条 床 单
one sheet

liǎng tiáo máo jīn
两 条毛巾
two towels

liǎng tiáo kù zi
两 条裤子
two pairs of pants

yì tiáo qún zi
一条 裙子
one skirt

yì tiáo lǐng dài
一条 领带
one tie

liǎng tiáo wéi jīn
两 条 围巾
two scarves

yì tiáo xiàng liàn
一条 项链
one necklace

yì tiáo yāo dài
一条 腰带
one belt

yì tiáo shéng zi
一条 绳子
one rope

yì tiáo guǐ dào
一条 轨道
one track

yì tiáo gāo sù gōng lù / lù
一条 高速公路/路
one highway / road

yì tiáo hé / zhī liú
一条 河 / 支流
one river / tributary

yì tiáo shān mài
一条 山脉
one mountain range

yì tiáo jiē dào
一条 街道
one street

yì tiáo hú tòng
一条 胡同
one hutong

yì tiáo suì dào
一条 隧道
one tunnel

yì tiáo dì tiě
一条地铁
one subway

yì tiáo chuán
一条 船
one ship

yì tiáo zǒu láng
一条走廊
one corridor

2 用于人或动物身体上呈长条形的部分。
For some long, strip-shaped part of human or animal's body.

yì tiáo bā
一条疤
one scar

liǎng tiáo biàn zi
两 条辫子
two braids

sān tiáo zhòu wén
三条 皱纹
three wrinkles

liǎng tiáo tuǐ
两 条腿
two legs

yì tiáo gē bo
一条 胳膊
one arm

yì tiáo wěi ba
一条尾巴
one tail

yì tiáo shén jīng
一条 神经
one nerve

121

3 用于分项的事物。
For items.

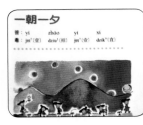

yì tiáo chéng yǔ
一 条 成 语
one idiom

yì tiáo duǎn xìn
一 条 短 信
one text message

---

yì tiáo cuò shī
一 条 措 施
one measure

liǎng tiáo xiāo xi
两 条 消 息
two messages

liǎng tiáo yì jiàn
两 条 意 见
two opinions

yì tiáo chū lù
一 条 出 路
one way out

yì tiáo fǎ lù
一 条 法 律
one law

yì tiáo biāo zhǔn
一 条 标 准
one standard

sān tiáo mìng lìng
三 条 命 令
three orders

liǎng tiáo tú jìng
两 条 途 径
two ways

liǎng tiáo guī dìng
两 条 规 定
two rules

sān tiáo lǐ yóu
三 条 理 由
three reasons

sān tiáo zhù shì
三 条 注 释
three annotations

yì tiáo xiàn suǒ
一 条 线 索
one clue

---

4 其他搭配。
Other uses.

yì tiáo mìng
一 条 命
one life

liǎng tiáo xīn
两 条 心
two hearts

tǒng

用于桶装的东西。
For things held in a barrel or bucket.

yì tǒng yóu qī
一 桶 油漆
one bucket of paint

yì tǒng shuǐ
一 桶 水
one bucket of water

liǎng tǒng yóu
两 桶 油
two barrels of oil

liáng tǒng niú nǎi
两 桶 牛奶
two barrels of milk

yì tǒng pí jiǔ
一 桶 啤酒
one barrel of beer

yì tǒng qì yóu
一 桶 汽油
one canister of gasoline

 tǒng

用于筒装的东西。
For things held in a tube.

sān tǒng guàn tou
三 筒 罐头
three cans

yì tǒng bǐng gān
一 筒 饼干
one box of crackers

liǎng tǒng kā fēi
两 筒 咖啡
two tins of coffee

tòng

通

（动量）用于某些不好的动作或言语等，数词一般用"一"。

(verbal measure word) An instance of bad activity.

mà yí tòng / fā yí tòng huǒ
骂一通 / 发一通火
to yell at / to lose one's temper

dǎ yí tòng diàn huà
打一通电话
to make a phone call

dǎ yí tòng
打一通
to give a beating

tóu

头 *1* 用于某些较大的动物。

For certain big animals.

liǎng tóu niú
两头牛
two cattle

liǎng tóu zhū
两头猪
two pigs

yì tóu dà xiàng
一头大象
one elephant

jǐ tóu yáng
几头羊
a few sheep

yì tóu shī zi
一头狮子
one lion

jǐ tóu shēng chù
几头牲畜
a few head of livestock

2 用于大蒜。
For garlic.

sān tóu suàn
三 头 蒜
three heads of garlic

3 用于与头有关的事物。
For certain things referring to head.

yì tóu bái fà
一 头 白 发
a head of white hair

yì tóu hàn
一 头 汗
a sweaty head

yì tóu wù shuǐ
一 头 雾 水
to have one's mind in a
fog; puzzled

tuán

1 用于成团的东西。
For something in the shape of a ball.

yì tuán mián huā
一 团 棉 花
one ball of cotton

yì tuán huǒ
一 团 火
one ball of fire

yì tuán miàn
一 团 面
one ball of dough

yì tuán wù
一团雾
mist

yì tuán（wū）yún
一团（乌）云
(dark) clouds

2 用于某些抽象事物。
For certain abstract things.

yì tuán hé qi
一团和气
harmony

wán

用于药丸或某些颗粒状的东西。
pill

sān wán yào
三 丸 药
three pills

sì wán bō li qiú
四 丸 玻璃球
four glass balls

wǎn

用于碗装的东西。
For things held in a bowl.

yì wǎn mǐ fàn
一 碗 米饭
one bowl of rice

yì wǎn tāng
一 碗 汤
one bowl of soup

yì wǎn zhōu
一 碗 粥
one bowl of porridge

yì wǎn jiǔ
一 碗 酒
one bowl of liquor

yì wǎn chá
一 碗 茶
one bowl of tea

yì wǎn shuǐ
一 碗 水
one bowl of water

尾 wěi
用于鱼。
For fish.

yì wěi yú
一尾鱼
one fish

位 wèi
用于人（含敬意）。
For persons (with politeness).

yí wèi ā yí
一位阿姨
one aunt

yí wèi bó shì
一位博士
one doctor

yí wèi bān zhǔ rèn
一位班主任
one homeroom teacher

yí wèi biān jí
一位编辑
one editor

yí wèi lǎo shī
一位老师
one teacher

yí wèi jiào shòu
一位教授
one professor

yí wèi lǎo bǎn
一位老板
one boss

yí wèi yīng xióng
一位英雄
one hero

liǎng wèi yùn dòng yuán
两位运动员
two athletes

味 wèi

用于一服中药中的一种成分。
For ingredients of a Chinese medicine prescription.

yí wèi yào
一味药
one ingredient in a Chinese
medicine prescription

窝 wō

用于同一次出生或住在一个窝里的动物。
For animals which are born in one birth or live in one nest / litter.

yì wō zhū
一窝猪
one litter of pigs

yì wō jī
一窝鸡
one nest of chicks

yì wō gǒu
一窝狗
one litter of dogs

yì wō mì fēng
一窝蜜蜂
one nest of bees

席 xí

用于成桌的酒席或所说的话。
For banquets or talks. When used for talks, only the numberal 一 can be used.

yì xí jiǔ
一席酒
one banquet

yì xí huà
一席话
remarks

下 xià

1 （动量）表示动作的次数，数词不限。
(verbal measure word) (for verbs of action) stroke; time(s)

tī liǎng xià tuǐ
踢 两 下 腿
to kick twice

yáo yí xià tóu
摇 一 下 头
to shake one's head once

2 （动量）用在动词后，表示尝试或动作持续时间较短。数词限于"一"。
(verbal measure word) Used after a verb, indicating an attempt or just for a short time. Only the numberal 一 can be used.

cháng yí xià
尝 一 下
to have a taste

qīn yí xià
亲一下
to have a kiss

xiū xi yí xià
休息一下
to take a rest

dǎ ban yí xià
打 扮 一 下
to dress up

tǎo lùn yí xià
讨 论 一 下
to have a discussion

gōu tōng yí xià
沟 通 一 下
to connect

3 与 "两"、"几" 配合使用，表示本领、能力，后面常有 "子"、"儿"。
Used after the numeral "两" or "几", indicating what one is good at or capable of. Usually followed by the suffix - 子 or - 儿 .

yǒu jǐ xià zi
有 几 下 子
to have a certain skill

yǒu liǎng xià zi
有 两 下 子
to have a certain skill

线 **xiàn**

1 用于细小的线状事物。
For narrow or thin things shaped like a thread.

yí xiàn yáng guāng
一 线 阳 光
one thin ray of sunshine

yí xiàn tiān
一 线 天
one thin strip of sky

yí xiàn yuè guāng
一 线 月 光
a glimmer of moonlight

汉语量词 图解词典

2 用于抽象事物，数词限于"一"，表示极小、极微弱。
Used with numeral 一 before abstract things, indicating very little.

yí xiàn guāng míng 一 线 光 明 a glimmer of hope	yí xiàn shēng jī 一 线 生 机 a glimmer of a chance of survival	yí xiàn xī wàng 一 线 希 望 a glimmer of hope

项 xiàng
用于分项目的事物。
For itemized things.

liǎng xiàng fā míng 两 项 发 明 two inventions	liǎng xiàng bǐ sài 两 项 比 赛 two games	yí xiàng yí shì 一 项 仪 式 one ceremony

liǎng xiàng guī dìng 两 项 规 定 two rules	sān xiàng yuán zé 三 项 原 则 three principles	yí xiàng zhèng cè 一 项 政 策 one policy
liǎng xiàng zhǐ biāo 两 项 指 标 two indicators	yí xiàng xié yì 一 项 协 议 one agreement	yí xiàng guī huà / jì huà 一 项 规 划 / 计 划 one plan
yí xiàng shì yè 一 项 事 业 one cause	yí xiàng gōng zuò 一 项 工 作 one work	liǎng xiàng rèn wu 两 项 任 务 two tasks

sān xiàng kāi zhī / zhī chū
三 项 开支 / 支出
three expenditures

liǎng xiàng zhuān lì
两 项 专利
two patents

liǎng xiàng jì shù
两 项 技术
two technologies

liǎng xiàng bǔ tiē
两 项 补贴
two subsidies

yí xiàng dài kuǎn
一 项 贷 款
one loan

liǎng xiàng shōu rù
两 项 收入
two incomes

些 xiē

1 一些，用于表示部分量或不确定量，有时"一"可以省略。
some; a few
The numeral 一 can be omitted.

我是谁？
我从哪里来？
我要到哪里去？
我为什么而生？

- 04/20 南澳大中国文化节 中小学生乐翻天
- 02/15 奥克兰"孔子学院大春晚"巡演活动感动新西兰
- 11/15 巴黎首次举办新中小学生汉语考试 逾两百学生参加
- 10/25 肯尼亚《旗帜报》专访第十届"汉语桥"世界大学生中文比赛获奖者朱蟒
- 09/19 泰南国光中学孔子课堂举办中秋节文化宣传日活动

yì xiē rén
一些人
some people

yì xiē wèn tí
一些 问题
some issues

yì xiē xiāo xi
一些 消息
some news

yì xiē shuǐ
一些 水
some water

yì xiē shuǐ guǒ
一些 水果
some fruits

yì xiē gǎn xiǎng
一些 感 想
some thoughts

2 这些、那些、某些，用于表示特指的人或事物。
these; those; some (for certain persons or things)

zhè xiē rén
这 些 人
these people

zhè xiē dòng wù
这 些 动 物
these animals

zhè xiē qǐ yè
这 些 企 业
these enterprises

zhè xiē huà
这 些 话
these words

nà xiē yuán sù
那 些 元 素
those elements

nà xiē shì qing
那 些 事 情
those things

nà xiē wèn tí
那 些 问 题
those questions

mǒu xiē dì qū
某 些 地 区
some areas

mǒu xiē fāng miàn
某 些 方 面
some aspects

mǒu xiē qíng kuàng
某 些 情 况
some situation

3 有些、有一些，用于表示人或事物的较少量。
some (for a small amount of persons or things)

yǒu yì xiē zhí wù
有 一 些 植 物
some plants

yǒu xiē xiǎng fǎ
有 些 想 法
some ideas

yǒu xiē tóng xué
有 些 同 学
some students

yǒu yì xiē yòu ér yuán
有 一 些 幼 儿 园
some kindergartens

yǒu xiē rén
有 些 人
some people

眼 yǎn

1 用于井等。
For wells, etc.

yì yǎn jǐng
一 眼 井
one well

yì yǎn quán
一 眼 泉
one spring

2 （动量）用于看的次数。
(verbal measure word) look; glance

qiáo yì yǎn / kàn yì yǎn
瞧 一 眼 / 看一眼
to glance / to take a look

样 yàng

表示事物的种类。
kind; type

jǐ yàng diǎn xin
几 样 点 心
several kinds of snack

sān yàng shuǐ guǒ
三 样 水 果
three kinds of fruit

yí yàng ài hào
一 样 爱 好
one hobby

jǐ yàng gōng jù
几 样 工 具
a few tools

liǎng yàng qì cái
两 样 器 材
two pieces of equipments

liǎng yàng gōng néng
两 样 功 能
two functions

yè
页

用于书籍或报纸中的一面。
page; leaf

yí yè shū
一 页 书
one page of a book

yí yè bào zhǐ
一 页 报 纸
one page of newspaper

liǎng yè zhǐ
两 页 纸
two pages

yuán
员

用于武将。
For generals in the past, capable persons.

yì yuán hǔ jiàng
一 员 虎 将
one "tiger" general

liǎng yuán dà jiàng
两 员 大 将
two able generals

sān yuán xiǎo jiàng
三 员 小 将
three young able generals

遭 zāo

1

（动量）用于动作，相当于"回"、"次"。
(verbal measure word) round; time; turn

tóu yì zāo yǎn jiǎng
头一遭演 讲
to speak for the first time

zǒu yì zāo
走一遭
to take a trip

lái guo liǎng zāo
来过两遭
(have) made two trips

2

（动量）计量绕圈的次数。
(verbal measure word) round

kǔn jǐ zāo
捆几遭
to tie around several times

pǎo le yì zāo
跑了一遭
made a round trip

zhuàn liǎng zāo
转 两遭
to run around twice

则 zé

用于意思完整的段落，多用于书面语。
(for news, writing, etc) piece; item

yì zé xīn wén
一则新 闻
one piece of news

yì zé guǎng gào
一则广 告
one advertisement

yì zé tōng zhī
一则通 知
one notice

liǎng zé xiāo xi
两则消息
two messages

yì zé qǐ shì
一则启事
one announcement

yì zé xiào hua
一则笑话
one joke

yì zé yù yán
一则寓言
one fable

yì zé gù shi
一则故事
one story

zhǎn
用于灯。
For lamps.

yì zhǎn dēng long
一盏灯笼
one lantern

yì zhǎn tái dēng
一盏台灯
one lamp

liǎng zhǎn diàn dēng
两盏电灯
two electronic lights

zhàn
用于车辆行驶中的一段距离。
For the distance between the stops of trains, buses, etc.

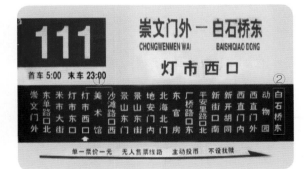

liǎng zhàn dì / lù / jù lí
① 两 站地/路/距离
two stops away

zuì hòu yí zhàn
② 最后一站
last stop

张 zhāng

1 用于纸、画儿等片状的东西。
For paper, pictures, etc.

yì zhāng zhī piào
一 张 支 票
one cheque

liǎng zhāng chāo piào
两 张 钞 票
two banknotes

yì zhāng fā piào
一 张 发 票
one invoice

yì zhāng bào zhǐ
一 张 报 纸
one newspaper

yì zhāng biàn tiáo
一 张 便 条
one note

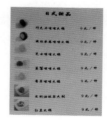

yì zhāng cài dān
一 张 菜 单
one menu

liǎng zhāng piào
两 张 票
two tickets

yì zhāng míng piàn
一 张 名 片
one business card

liǎng zhāng míng xìn piàn
两 张 明 信 片
two postcards

yì zhāng huà
一 张 画
one painting

yì zhāng gōng gào
一 张 公告
one announcement

yì zhāng dì tú
一 张 地图
one map

yì zhāng hé yǐng
一 张 合影
one group photo

liǎng zhāng guāng pán
两 张 光盘
two CDs

yì zhāng dì tǎn
一 张 地毯
one rug

yì zhāng màn huà 一 张 漫画 one cartoon	yì zhāng biǎo gé 一 张 表格 one form	yì zhāng bù gào 一 张 布告 one announcement
liǎng zhāng chuán zhēn 两 张 传真 two faxes	yì zhāng chuán dān 一 张 传单 one leaflet	yì zhāng guǎng gào 一 张 广告 one advertisement
yì zhāng zhǐ 一 张 纸 one piece of paper	yì zhāng cǎi piào 一 张 彩票 one lottery ticket	yì zhāng xìn yòng kǎ 一 张 信用卡 one credit card

2 用于人或动物的脸以及其他有平面的东西。
For desks, faces, etc.

yì zhāng liǎn
一 张 脸
one face

yì zhāng chuáng
一 张 床
one bed

yì zhāng shā fā
一 张 沙发
one sofa

yì zhāng zhuō zi
一 张 桌子
one table

yì zhāng yǐ zi
一 张 椅子
one chair

3 用于可以张开和闭合的东西。
For mouths, bows, etc.

yì zhāng zuǐ
一 张 嘴
one mouth

yì zhāng gōng
一 张 弓
one bow

yì zhāng wǎng
一 张 网
one net

zhèn

阵 （动量）指一段时间。
(verbal measure word) A period of time.

gàn yí zhèn huór
干 一 阵 活 儿
to work for a while

wánr yí zhèn
玩 儿 一 阵
to play for a while

nán guò yí zhèn
难 过 一 阵
to be sad for a while

zhī

支 1 用于细长的东西。
For long, thin, inflexible objects.

sān zhī là zhú
三 支 蜡烛
three candles

yì zhī xiāng
一 支 香
one stick of incense

yì zhī qiān bǐ
一 支 铅笔
one pencil

liǎng zhī yá gāo
两 支 牙膏
two tubes of toothpaste

liǎng zhī lǎ ba
两支喇叭
two horns

yì zhī huǒ jiàn
一支火箭
one rocket

yì zhī qiāng
一支枪
one gun

2 用于歌曲、乐曲。
For songs or musical compositions.

yì zhī qǔ zi
一支曲子
one melody

yì zhī gē
一支歌
one song

3 用于有组织的队伍。
For troops, fleets, etc.

yì zhī duì wu
一支队伍
one squad

yì zhī jūn duì
一支军队
one army

yì zhī wǔ zhuāng
一支武装
one army

yì zhī lì liàng
一支力量
one force

zhī

枝

用于树枝和带枝子的花朵。
For flowers with stems intact.

liǎng zhī méi gui huā
两 枝 玫 瑰 花
two roses

sān zhī huā
三 枝 花
three flowers

zhī

只 1

用于某些会飞的或会走的动物。
For birds or some other animals.

yì zhī niǎo
一 只 鸟
one bird

liǎng zhī gē zi
两 只 鸽 子
two pigeons

yì zhī mì fēng
一 只 蜜 蜂
one bee

yì zhī hú dié
一 只 蝴 蝶
one butterfly

liǎng zhī kūn chóng
两 只 昆 虫
two insects

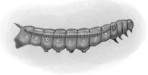

yì zhī chóng zi
一 只 虫 子
one worm

liǎng zhī shī zi
两 只 狮子
two lions

yì zhī lǎo hǔ
一只老虎
one tiger

yì zhī xióng māo
一只 熊 猫
one panda

yì zhī láng
一只 狼
one wolf

sān zhī hóu zi
三 只 猴子
three monkeys

liǎng zhī gǒu
两 只 狗
two dogs

sān zhī māo
三 只 猫
three cats

liǎng zhī tù zi
两 只 兔子
two rabbits

liǎng zhī lǎo shǔ
两 只 老鼠
two mice

2 用于某些成对的东西中的一个。
For one of certain paired things.

yì zhī shǒu tào
一只 手套
one glove

liǎng zhī xié
两 只 鞋
two shoes

jǐ zhī ěr huán
几只耳 环
a few earrings

liǎng zhī chì bǎng
两只翅膀
two wings

liǎng zhī jiǎo
两只角
two horns

liǎng zhī wà zi
两只袜子
two socks

① liǎng zhī yǎn jing
两只眼睛
two eyes

② liǎng zhī ěr duo
两只耳朵
two ears

③ liǎng zhī gē bo
两只胳膊
two arms

④ liǎng zhī tuǐ
两只腿
two legs

⑤ yì zhī shǒu
一只手
one hand

⑥ yì zhī jiǎo
一只脚
one foot

3 用于某些物品或小船。
For some goods or boat.

liǎng zhī píng guǒ
两只苹果
two apples

sān zhī chéng zi
三只橙子
three oranges

yì zhī kǎo yā
一只烤鸭
one roasted duck

liǎng zhī wǎn
两 只 碗
two bowls

liǎng zhī bēi zi
两 只 杯子
two glasses

liǎng zhī pán zi
两 只 盘子
two plates

liǎng zhī dēng long
两 只 灯 笼
two lanterns

yì zhī shǒu biǎo
一只 手 表
one watch

yì zhī kuāng
一只 筐
one basket

sì zhī yǔ máo qiú
四只 羽毛球
four shuttlecocks

yì zhī zú qiú
一只足球
one football

yì zhī quán tou
一只拳 头
one fist

yì zhī wěi ba
一 只 尾巴
one tail

liǎng zhī lún tāi
两 只 轮胎
two tires

yì zhī （xiǎo） chuán
一只（小） 船
one (small) boat

种 zhǒng

1 用于具体事物。

For specific things.

liǎng zhǒng dòng wù

两 种 动 物

two kinds of animal

sān zhǒng wén zì

三 种 文 字

three kinds of written languages

jǐ zhǒng biāo zhì

几 种 标 志

a few kinds of signs

jǐ zhǒng gōng jù

几 种 工 具

a few kinds of tools

sì zhǒng huò bì

四 种 货 币

four kinds of currency

jǐ zhǒng shuǐ guǒ

几 种 水 果

a few kinds of fruit

yì zhǒng kānwù

一 种 刊 物

one kind of publication

yì zhǒng (huài) tiān qì

一 种 （坏）天 气

one kind of (bad) weather

yì zhǒng gōng yì pǐn

一 种 工 艺 品

one kind of handicraft

liǎng zhǒng yùn dòng
两　种　运动
two kinds of sports

yì　zhǒng shāng pǐn
一　种　商品
one kind of commodity

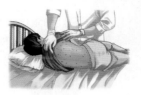

yì zhǒng bìng dú
一　种　病毒
one kind of virus

2 用于抽象事物。
For abstract things.

liǎng zhǒng yì　jiàn
两　种　意见
two opinions

yì zhǒng xíng wéi
一　种　行为
one act

yì zhǒng xìng qù
一　种　兴趣
one interest

yì zhǒng bàn fǎ
一　种　办法
one method

yì zhǒng lǐ xiǎng
一　种　理想
one ideal

yì zhǒng kùn nán
一　种　困难
one difficulty

yì zhǒng cuò wù
一　种　错误
one mistake

yì zhǒng lǐ jié
一　种　礼节
one matter of protocol

yì zhǒng tè sè
一　种　特色
one feature

yì zhǒng gǎn shòu
一　种　感受
one feeling

yì zhǒng kǒu yīn
一　种　口音
one accent

yì zhǒng xìn yǎng
一　种　信仰
one faith

zhóu

用于绕在轴上的东西。
For something spooled up.

jǐ zhóu xiàn
几 轴 线
a few spools of thread

liǎng zhóu huà
两 轴 画
two paintings

yì zhóu zì
一 轴 字
one piece of calligraphy

zhū

用于花草树木，多指带根的。
For trees and some other plants.

liǎng zhū（yòu）miáo
两 株（幼）苗
two (young) sprouts

yì zhū shù
一 株 树
one tree

liǎng zhū huā
两 株 花
two flowers

yì zhū（xiǎo）cǎo
一 株（小）草
stalks of grass

jǐ zhū yù mǐ
几 株 玉米
a few stalks of corn

jǐ zhū zhí wù
几 株 植物
a few plants

zhuāng

用于事情、案件、买卖等。
For matters, cases or deals.

yì zhuāng shēng yi
一 桩 生 意
one business

yì zhuāng guān si
一 桩 官 司
one lawsuit

yì zhuāng àn jiàn
一 桩 案 件
one case

yì zhuāng shì qing
一 桩 事 情
one thing

yì zhuāng má fan
一 桩 麻 烦
one misfortune

yì zhuāng jiū fēn
一 桩 纠 纷
one dispute

zhuàng

用于房屋，多指楼房。
For houses, especially storied buildings.

yí zhuàng bié shù
一 幢 别 墅
one villa

yí zhuàng jiàn zhù / lóu
一 幢 建 筑 / 楼
one building

yí zhuàng sù shè / gōng yù
一 幢 宿 舍 / 公 寓
one dormitory / apartment

桌 zhuō

用于酒宴饭菜或围桌而坐的人。
For meal on table or people seated at a table.

yì zhuō fàn cài / fàn
一桌饭菜 / 饭
one table of food / meal

yì zhuō jiǔ / jiǔ xí
一桌酒 / 酒席
one banquet

yì zhuō kè rén / rén
一桌客人 / 人
one table of guests / people

宗 zōng

用于事情、货物、款项等。
For things, freight, funds, etc.

yì zōng àn jiàn
一宗案件
one case

yì zōng jiāo yì
一宗交易
one deal

yì zōng shēng yi
一宗生意
one business

yì zōng dài kuǎn
一宗贷款
one loan

yí dà zōng shāng pǐn
一大宗商品
a large amount of commodities

yì zōng mì mì
一宗秘密
one secret

zǔ

用于结合在一起的人或事物。

(for persons or things hanging together) set; series; battery

yì zǔ shā fā
一组沙发
one set of sofas

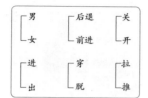

男	后退	关
女	前进	开
进	穿	拉
出	脱	推

jǐ zǔ fǎn yì cí
几组 反义词
a few groups of antonyms

yì zǔ diàn chí
一组电池
one set of batteries

yì zǔ yùn dòng yuán
一组运动员
one group of athletes

yì zǔ guì tái
一组柜台
one set of counters

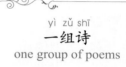

yì zǔ shī
一组诗
one group of poems

liǎng zǔ zī liào
两组资料
two sets of data

yì zǔ gē
一组歌
one set of songs

zūn

用于雕塑、大炮等。

For statues, cannons, etc.

yì zūn diāo sù
一尊雕塑
one statue

yì zūn fó xiàng
一尊佛像
one statue of Buddha

yì zūn pào
一尊炮
one cannon

zuǒ

用于成丛的毛发。
For cluster of yarn, hair, grass, etc, held or growing closely together.

yì zuǒ máo
一撮毛
one tuft of fur

yì zuǒ tóu fa
一撮头发
one tuft of hair

yì zuǒ hú xū
一撮胡须
one tuft of beard

 zuò

用于房屋、桥梁、山脉等。
For buildings, bridges, mountains, etc.

yí zuò sì miào
一座寺庙
one temple

yí zuò fén mù
一座坟墓
one grave

sān zuò tǎ
三座塔
three towers

yí zuò chéng bǎo
一座城堡
one castle

yí zuò chē zhàn
一座车站
one station

yí zuò tíng zi
一座亭子
one pavilion

yí zuò shān
一 座 山
one mountain

yí zuò lì jiāo qiáo
一 座 立 交 桥
one overpass

yí zuò bó wù guǎn
一 座 博 物 馆
one museum

yí zuò cāng kù
一 座 仓 库
one warehouse

yí zuò dà shà
一 座 大 厦
one mansion

yí zuò gōng yuán
一 座 公 园
one park

yí zuò gōng diàn
一 座 宫 殿
one palace

yí zuò bié shù
一 座 别 墅
one villa

yí zuò chéng shì
一 座 城 市
one city

yì miǎo zhōng
一 秒 钟
one second

yì fēn zhōng
一 分 钟
one minute

liù diǎn
六 点
six o'clock

yí kè zhōng
一 刻 钟
a quarter of an hour

yì xiǎo shí / yí gè zhōng tóu
一 小时 / 一个 钟 头
one hour

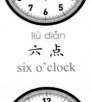

liù diǎn bàn
六 点 半
half past six

yì tiān
一 天
one day

yì xīng qī / yì zhōu
一 星期 / 一 周
one week

yí gè yuè
一个 月
one month

2011-2012

yì nián
一 年
one year

1911-2010

yí gè shì jì
一个 世纪
one century

附录二 货币量词 | Appendix II Currency

fēn
分
fen

jiǎo
角
jiao

máo
毛
mao (vernacular form of *jiao*)

wǔ yuán
五 元
five *yuan*

yuán / yuán
元 / 圆
yuan

kuài
块
kuai (vernacular form of *yuan*)

wǔ shí yuán
五 十 元
fifty *yuan*

yì bǎi yuán
一 百 元
one hundred *yuan*

附录三 度量量词 | AppendixⅢ Weights and Measures

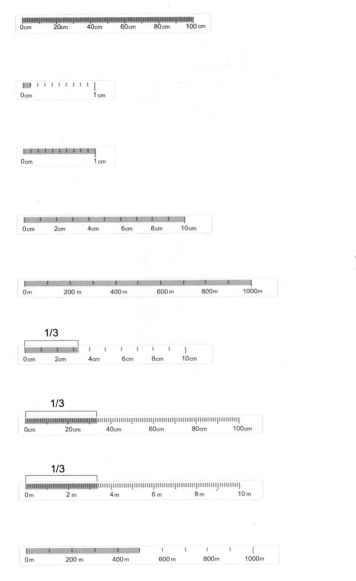

yì mǐ
1 米
1 meter

yì háo mǐ
1 毫米
1 millimeter

yì lí mǐ
1 厘米
1 centimeter

yì fēn mǐ
1 分米
1 decimeter

yì qiān mǐ (gōng lǐ)
1 千米（公里）
1 kilometer

yí cùn
1 寸
1 *cun*

yì chǐ
1 尺
1 *chi*

yí zhàng
1 丈
1 *zhang*

yì lǐ
1 里
1 *li*

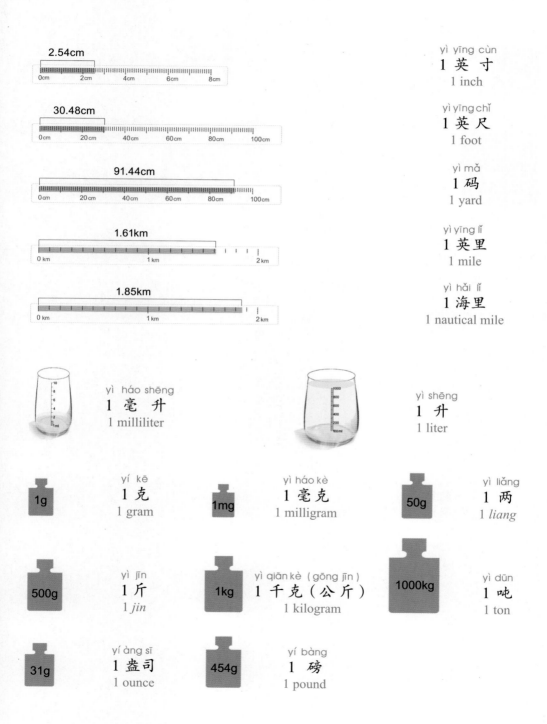

2.54cm

0cm 2cm 4cm 6cm 8cm

yì yīng cùn
1 英 寸
1 inch

30.48cm

0cm 20cm 40cm 60cm 80cm 100cm

yì yīng chǐ
1 英 尺
1 foot

91.44cm

0cm 20cm 40cm 60cm 80cm 100cm

yì mǎ
1 码
1 yard

1.61km

0 km 1 km 2 km

yì yīng lǐ
1 英 里
1 mile

1.85km

0 km 1 km 2 km

yì hǎi lǐ
1 海 里
1 nautical mile

yì háo shēng
1 毫 升
1 milliliter

yì shēng
1 升
1 liter

yí kē
1 克
1 gram

1g

yì háo kè
1 毫 克
1 milligram

1mg

yì liǎng
1 两
1 *liang*

50g

yì jīn
1 斤
1 *jin*

500g

yì qiān kè (gōng jīn)
1 千 克（公 斤）
1 kilogram

1kg

yì dūn
1 吨
1 ton

1000kg

yí àng sī
1 盎 司
1 ounce

31g

yí bàng
1 磅
1 pound

454g

汉语量词 图解词典

1m² 1m
1m

yì píng fāng mǐ
1 平方米
1 square meter

667m²

yì mǔ
1 亩
1 *mu*

10000m²

yì gōng qǐng
1 公 顷
1 hectare

4047m²

yì yīng mǔ
1 英 亩
1 acre

shè shì dù
22 摄氏度
22 Centigrade

huá shì dù
71.6 华氏度
71.6 Fahrenheit

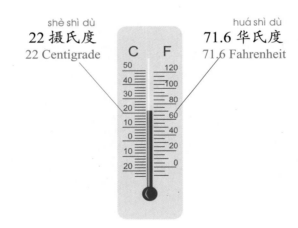

C   F
50   120
40   100
30   80
20   60
10   40
0   20
10   0
20

附录四 动量词搭配表 | Appendix IV Verbal Measure Words

把 bǎ

洗一把脸	xǐ yì bǎ liǎn	to wash one's face	3
洗一把手	xǐ yì bǎ shǒu	to wash one's hands	3
擦一把汗	cā yì bǎ hàn	to wipe off one's sweat	3
拉他一把	lā tā yì bǎ	to pull him up	4
推一把	tuī yì bǎ	to give a push	4
一把举起	yì bǎ jǔ qǐ	to lift up	4
（打牌）赢了两把	(dǎ pái) yíng le liǎng bǎ	won twice (when playing cards)	4
（玩儿股票）赚了一把	(wánr gǔ piào) zhuàn le yì bǎ	made money (in the stock market)	4

版 bǎn

第 11 版	dì 11 bǎn	11th edition	6
印了 5 版	yìn le 5 bǎn	5 editions printed	6
出过两版	chū guo liǎng bǎn	printed twice	6

遍 biàn

扫一遍地	sǎo yí biàn dì	to sweep the floor	11
刷一遍漆	shuā yí biàn qī	to paint	11
刷一遍牙	shuā yí biàn yá	to brush one's teeth	11
做一遍实验	zuò yí biàn shí yàn	to do an experiment	11

场 cháng

大笑一场	dà xiào yì cháng	to have a good laugh	18
哭了一场	kū le yì cháng	had a cry	18
爱一场	ài yì cháng	to be in love	18
病一场	bì yì cháng	to have an illness	18

汉语量词 图解词典

大闹一场	dà nào yì cháng	to make a scene	18
大干一场	dà gàn yì cháng	to make an all-out effort	18

场 chǎng

看一场（电影）	kàn yì chǎng(diàn yǐng)	to watch a movie	19
演了一场（戏）	yǎn le yì chǎng xì	acted in one scene	19
打一场（球）	dǎ yì chǎng(qiú)	to play a game of golf	19
滑一场（雪）	huá yì chǎng(xuě)	to go skiing	19
比一场	bǐ yì chǎng	to have a game	19
考一场（试）	kǎo yì chǎng(shì)	to take an exam	19
踢一场（球）	tī yì chǎng(qiú)	to play a football game	19

次 cì

开一次会	kāi yí cì huì	to have a meeting	25
喂一次食	wèi yí cì shí	to feed once	25
吵一次架	chǎo yí cì jià	to have a quarrel	25
搬一次家	bān yí cì jiā	to move once	26
采访过一次	cǎi fǎng guo yí cì	had one interview	26
见一次面	jiàn yí cì miàn	to meet once	26

顿 dùn

吃一顿	chī yí dùn	to have a meal	42
喝一顿	hē yí dùn	to have a drink	42
骂一顿	mà yí dùn	to scold	42
教育一顿	jiào yù yí dùn	to teach a lesson	42
打一顿	dǎ yí dùn	to beat	42
批评一顿	pī píng yí dùn	to criticize	42

番 fān

讨论一番	tǎo lùn yì fān	to discuss	43
打扮一番	dǎ ban yì fān	to dress up	43
教训一番	jiào xùn yì fān	to teach someone a lesson	43
思考一番	sī kǎo yì fān	to think over	43
安慰一番	ān wèi yì fān	to comfort	43

回 huí

见过一回	jiàn guo yì huí	met once	60
打过一回电话	dǎ guo yì huí diàn huà	called once	60
参观一回	cān guān yì huí	to visit once	60
来过两回	lái guo liǎng huí	have come twice	60
试一回	shì yì huí	to try once	60
看望一回朋友	kàn wàng yì huí péng you	to call on a friend once	60
打过几回交道	dǎ guo jǐ huí jiāo dào	have come into contract with somebody several times	60
吃一回涮火锅	chī yì huí shuàn huǒ guō	to have hot pot once	60

架 jià

打一架	dǎ yí jià	to have a fight	64
吵一架	chǎo yí jià	to have a quarrel	64
干了几架	gàn le jǐ jià	had several fights	64

觉 jiào

睡一觉	shuì yí jiào	to have a sleep	67

局 jú

下了两局	xià le liǎng jú	to play two (chess) games	69
赢了一局	yíng le yì jú	to win a game	69
玩儿了一局	wánr le yì jú	to play a game	69
比了一局	bǐ le yì jú	to have a competition	69
打了一局	dǎ le yì jú	to have a competition	69

口 kǒu

吃一口	chī yì kǒu	to take a bite	74
尝一口	cháng yì kǒu	to have a taste	74
喝一口	hē yì kǒu	to have a drink	74

面 miàn

见一面	jiàn yí miàn	to meet	85

汉语量词 图解词典

见过两面	jiàn guo liǎng miàn	have met twice	85
一面之交	yí miàn zhī jiāo	have met once	85

盘 pán

下了一盘棋	xià le yì pán qí	played a game of chess	92
玩儿了一盘棋	wánr le yì pán qí	played a game of chess	92
打了一盘乒乓球	dǎ le yì pán pīng pāng qiú	played a table tennis game	92

圈 quān

转一圈	zhuàn yì quān	to turn around	101
跑一圈	pǎo yì quān	to run around	101
走两圈	zǒu liǎng quān	to walk around twice	101

拳 quán

打一拳	dǎ yì quán	to give a punch	102

任 rèn

（总统）干了两任	(zǒng tǒng) gàn le liǎng rèn	served two terms (as president)	104
当了两任（总裁）	dāng le liǎng rèn (zǒng cái)	served two terms (as president)	104
当过一任（校长）	dāng guo yí rèn (xiào zhǎng)	has been (principal) for one term	104

声 shēng

喊一声	hǎn yì shēng	to yell	107
叫一声	jiào yì shēng	to scream	107
招呼一声	zhāo hu yì shēng	to say "what's up"	107

趟 tàng

出了趟差	chū le tàng chāi	went on a business trip	116
上一趟厕所	shàng yí tàng cè suǒ	to go to the toilet	116
去两趟	qù liǎng tàng	to go two times	116
白跑一趟	bái pǎo yí tàng	to make a fruitless trip	116

通 tòng

骂一通	mà yí tòng	to yell at	124
发一通火	fā yí tòng huǒ	to lose one's temper	124
打一通电话	dǎ yí tòng diàn huà	to make a phone call	124
打一通	dǎ yí tòng	to give a beating	124

下 xià

踢两下腿	tī liǎng xià tuǐ	to kick twice	130
摇一下头	yáo yí xià tóu	to shake one's head once	130
尝一下	cháng yí xià	to have a taste	130
亲一下	qīn yí xià	to have a kiss	130
休息一下	xiū xi yí xià	to take a rest	130
打扮一下	dǎ ban yí xià	to dress up	131
讨论一下	tǎo lùn yí xià	to have a discussion	131
沟通一下	gōu tōng yí xià	to connect	131

眼 yǎn

瞧一眼	qiáo yì yǎn	to glance	135
看一眼	kàn yì yǎn	to take a look	135

遭 zāo

头一遭演讲	tóu yì zāo yǎn jiǎng	to speak for the first time	137
走一遭	zǒu yì zāo	to take a trip	137
来过两遭	lái guo liǎng zāo	(have) made two trips	137
捆几遭	kǔn jǐ zāo	to tie around several times	137
跑了一遭	pǎo le yì zāo	made a round trip	137
转两遭	zhuàn liǎng zāo	to run around twice	137

阵 zhèn

干一阵活儿	gàn yí zhèn huór	to work for a while	142
玩儿一阵	wánr yí zhèn	to play for a while	142
难过一阵	nán guò yí zhèn	to be sad for a while	142

中文名词索引 | CHINESE NOUN INDEX

编辑	biān jí	一名 ~	86		补贴	bǔ tiē	一座 ~	155
		一位 ~	128				一笔 ~	10
鞭炮	biān pào	一串 ~	22				两项 ~	133
		一挂 ~	56		布	bù	一幅 ~	49
便条	biàn tiáo	一张 ~	139				六卷 ~	70
辫子	biàn zi	一对 ~	41				一块 ~	76
		一根 ~	54				一捆 ~	78
		两条 ~	121				两匹 ~	94
标本	biāo běn	一件 ~	66		布告	bù gào	一张 ~	140
标题	biāo tí	一行 ~	57					
标志	biāo zhì	几种 ~	148		**C**			
标准	biāo zhǔn	一条 ~	122					
表格	biǎo gé	一份 ~	46		材料	cái liào	一份 ~	46
		一张 ~	140				第一手 ~	108
别墅	bié shù	一栋 ~	35		财产	cái chǎn	一笔 ~	10
		一套 ~	116				一份 ~	44
		一幢 ~	151		财富	cái fù	一笔 ~	10
		一座 ~	155		裁缝	cái feng	一名 ~	86
宾馆	bīn guǎn	一家 ~	63		裁判	cái pàn	一名 ~	86
		一所 ~	112		彩虹	cǎi hóng	一道 ~	30
冰	bīng	一层 ~	15		彩票	cǎi piào	一张 ~	140
冰雹	bīng báo	一场 ~	16		菜	cài	两棵 ~	71
		几颗 ~	72				两捆 ~	78
		几粒 ~	80				一盘 ~	90
冰淇淋	bīng qí lín	两份 ~	45		菜单	cài dān	一份 ~	45
冰箱	bīng xiāng	一个 ~	52				一张 ~	139
		一台 ~	113		餐厅	cān tīng	一家 ~	62
饼干	bǐng gān	一包 ~	7		仓库	cāng kù	一座 ~	155
		一袋 ~	28		草	cǎo	一丛 ~	26
		三块 ~	75				几根 ~	54
		一筒 ~	123				两棵（小）~	71
病毒	bìng dú	一种 ~	149				一捆 ~	78
病房	bìng fáng	一间 ~	65				一株（小）~	150
玻璃	bō li	一层 ~	15		草地	cǎo dì	一块 ~	77
		几块 ~	77				一片 ~	97
玻璃球	bō li qiú	四丸 ~	127		厕所	cè suǒ	一间 ~	64
博士	bó shì	一个 ~	52		叉子	chā zi	一把 ~	1
		一位 ~	128		茶	chá	一杯 ~	8
博物馆	bó wù guǎn	一家 ~	63				一壶 ~	58

汉语量词 图解词典

		一碗～	127			两张～	140
茶壶	chá hú	一把～	1	船	chuán	一艘（小）～	111
茶叶	chá yè	一包～	7			一条～	121
		一撮～	27			一只（小）～	147
柴	chái	两捆～	78	窗户	chuāng hu	双层～	15
柴火	chái huo	一抱～	8			两扇～	105
产业	chǎn yè	一份～	44	窗帘	chuāng lián	两幅～	48
钞票	chāo piào	一沓～	28	床	chuáng	一张～	141
		一叠～	34	床单	chuáng dān	一条～	119
		两张～	139	创作	chuàng zuò	一篇～	95
超市	chāo shì	一家～	63	锤子	chuí zi	一把～	1
车	chē	末班～	5	词典	cí diǎn	一本～	9
		头班～	5			一部～	12
车库	chē kù	一间～	65			一套～	117
车厢	chē xiāng	一节～	68	磁带	cí dài	两盘～	91
车站	chē zhàn	一座～	154	刺	cì	一根～	54
衬衫	chèn shān	一件～	65	醋	cù	一瓶～	99
成语	chéng yǔ	一句～	70	挫折	cuò zhé	一次～	24
		一条～	122	措施	cuò shī	一条～	122
成员	chéng yuán	一名～	87	错误	cuò wù	两处～	21
		两派～	90			一种～	149
城堡	chéng bǎo	一座～	154				
城市	chéng shì	一座～	155	**D**			
程序	chéng xù	一道～	31				
橙子	chéng zi	三只～	146	答案	dá àn	一份～	46
池塘	chí táng	一片～	97	打扮	dǎ ban	一身～	105
尺子	chǐ zi	一把～	1	大海	dà hǎi	一片～	97
翅膀	chì bǎng	一对～	40	大将	dà jiàng	两员～	136
		一双～	110	大炮	dà pào	一门～	84
		两只～	146	大使馆	dà shǐ guǎn	一家～	63
虫子	chóng zi	一条～	119	大厦	dà shà	两栋～	35
		一只～	144			一座～	155
出路	chū lù	一条～	122	大象	dà xiàng	一头～	124
出租车	chū zū chē	一辆～	80	歹徒	dǎi tú	一股～	55
厨房	chú fáng	一间～	64			一伙～	60
触角	chù jiǎo	一双～	110			一名～	88
传单	chuán dān	一张～	140	代表	dài biǎo	一名～	88
传说	chuán shuō	一段～	37	贷款	dài kuǎn	一笔～	10
传真	chuán zhēn	一份～	46			一项～	133

汉语量词 图解词典

		一双～	109
		两只～	146
耳环	ěr huán	一对～	41
		几只～	145

F

发明	fā míng	两项～	132
发票	fā piào	几捆～	78
		一张～	139
发言	fā yán	一份～	46
罚款	fá kuǎn	一笔～	11
法官	fǎ guān	一名～	87
法律	fǎ lǜ	一部～	12
		一条～	122
法院	fǎ yuàn	一家～	63
反义词	fǎn yì cí	几组～	153
饭	fàn	一餐～	14
		一口～	74
		一桌～	152
饭菜	fàn cài	一桌～	152
饭馆	fàn guǎn	一家～	62
方案	fāng àn	一套～	118
方法	fāng fǎ	一套～	118
方面	fāng miàn	某些～	134
方言	fāng yán	一口～	73
房	fáng	二手～	108
房屋	fáng wū	一处～	21
房子	fáng zi	一栋～	35
		一溜～	82
		一排～	89
飞机	fēi jī	一班～	5
		一架～	63
肥皂	féi zào	两块～	76
匪徒	fěi tú	一帮～	7
		一撮～	27
		一股～	55
		一伙～	60
		一名～	88

废话	fèi huà	一堆～	39
		两句～	70
废墟	fèi xū	一片～	97
费用	fèi yong	一笔～	10
坟墓	fén mù	一座～	154
风	fēng	一股～	55
		二级～	61
		一丝～	111
风暴	fēng bào	一场～	16
风光	fēng guāng	一派（好）～	89
风景	fēng jǐng	一处～	20
佛像	fó xiàng	一尊～	153
夫妇	fū fù	一对～	40
服装	fú zhuāng	一身（民族）～	105
		一套～	118
妇女	fù nǚ	一群～	103

G

干劲	gàn jìn	一股～	55
感冒	gǎn mào	一场～	17
感受	gǎn shòu	一种～	149
感想	gǎn xiǎng	一些～	133
钢笔	gāng bǐ	一管～	56
钢琴	gāng qín	一架～	63
		一台～	113
高潮	gāo cháo	一次～	25
高考	gāo kǎo	一次～	24
高速公路	gāo sù gōng lù	一段～	35
		一条～	120
稿件	gǎo jiàn	一篇～	95
胳膊	gē bo	一双～	109
		一条～	121
		两只～	146
鸽子	gē zi	一对～	40
		一群～	103
		两只～	144
歌	gē	一首～	108
		一支～	143

汉语量词 图解词典

		一份 ~	45
		一则 ~	137
		一张 ~	140
规定	guī dìng	两条 ~	122
		两项 ~	132
规划	guī huà	一项 ~	132
轨道	guǐ dào	一条 ~	120
柜台	guì tái	一组 ~	153
棍棒	gùn bàng	一根 ~	53
锅	guō	一口 ~	73
国际象棋	guó jì xiàng qí	一副 ~	50
		一盘 ~	91
果实	guǒ shí	一批 ~	93

H

孩子	hái zi	一帮 ~	6
		一堆 ~	39
		一群 ~	102
海洋	hǎi yáng	一片 ~	97
汗	hàn	两滴 ~	31
		一身 ~	106
		一头 ~	125
好菜	hǎo cài	一手 ~	107
好手	hǎo shǒu	一把 ~	3
好字	hǎo zì	一手 ~	107
号	hào	一把 ~	2
号码	hào mǎ	几串 ~	23
		三行 ~	57
合同	hé tong	一份 ~	46
合影	hé yǐng	一张 ~	140
和气	hé qi	一团 ~	126
河	hé	一道 ~	30
		一条 ~	120
黑板	hēi bǎn	一块 ~	77
痕迹	hén jì	一丝 ~	111
洪水	hóng shuǐ	一场 ~	16
猴子	hóu zi	一群 ~	103
		三只 ~	145

胡同	hú tòng	一条 ~	120
胡须	hú xū	一把 ~	2
		三绺 ~	81
		一撇 ~	98
		一撮 ~	154
胡言	hú yán	一派 ~	89
湖泊	hú pō	一片 ~	98
蝴蝶	hú dié	一只 ~	144
虎将	hǔ jiàng	一员 ~	136
护照	hù zhào	两本 ~	9
花	huā	一把 ~	3
		两朵 ~	42
		一捧 ~	92
		一束 ~	108
		三枝 ~	144
		两株 ~	150
花瓣	huā bàn	三瓣 ~	6
		三片 ~	96
花生	huā shēng	两把 ~	2
		一袋 ~	29
		五颗 ~	71
		五粒 ~	79
		一盘 ~	90
		一捧 ~	92
化肥	huà féi	一把 ~	2
		一袋 ~	29
化石	huà shí	一块 ~	76
画	huà	一张 ~	140
		两轴 ~	150
话	huà	一席 ~	130
		这些 ~	134
坏蛋	huài dàn	一股 ~	55
患者	huàn zhě	一名 ~	86
黄瓜	huáng guā	一根 ~	53
		几截 ~	68
黄金	huáng jīn	一块 ~	76
灰	huī	一层 ~	15
		一堆 ~	38
会议	huì yì	一次 ~	24

汉语量词 图解词典

京剧	jīng jù	一出~	20
经典	jīng diǎn	一部~	12
经费	jīng fèi	一笔~	11
经历	jīng lì	一段~	36
经验	jīng yàn	一份~	48
井	jǐng	一口~	73
		一眼~	135
景色	jǐng sè	一派（迷人）~	90
		一片~	98
景象	jǐng xiàng	一派（繁荣）~	89
警察	jǐng chá	一名~	86
镜子	jìng zi	一面~	85
纠纷	jiū fēn	一场~	17
		一起~	100
		一桩~	151
酒	jiǔ	一壶~	58
		一碗~	127
		一席~	130
		一桌~	152
酒吧	jiǔ bā	一家~	63
酒精	jiǔ jīng	一滴~	31
酒席	jiǔ xí	一桌~	152
救护车	jiù hù chē	一辆~	80
桔子	jú zi	五瓣~	6
俱乐部	jù lè bù	一家~	63
距离	jù lí	一段~	36
		两站~	138
角色	jué sè	一个~	51
		两类~	79
军队	jūn duì	一支~	143

K

咖啡	kā fēi	两杯~	8
		两盒~	58
		两筒~	123
卡车	kǎ chē	一部~	13
		一辆~	81
开支	kāi zhī	两笔~	10

		三项~	133
刊物	kān wù	一种~	148
烤鸭	kǎo yā	一只~	146
科学	kē xué	一门~	84
客人	kè rén	一桌~	152
客厅	kè tīng	一间~	64
课	kè	一节~	68
		一堂~	115
		四堂~	115
课程	kè chéng	两门~	84
空调	kōng tiáo	一台~	113
空白	kòng bái	一片~	98
空闲	kòng xián	一段~	36
口音	kǒu yīn	一种~	149
裤子	kù zi	两条~	119
筷子	kuài zi	两把~	3
		四根~	53
		两双~	110
筐	kuāng	一只~	147
矿泉水	kuàng quán shuǐ	两杯~	8
		一瓶~	99
昆虫	kūn chóng	两只~	144
困难	kùn nán	一种~	149

L

垃圾	lā jī	一堆~	38
喇叭	lǎ ba	两支~	143
蜡烛	là zhú	一段~	36
		四根~	54
		一截~	69
		三支~	142
辣椒	là jiāo	一串~	22
		一挂	56
辣椒面儿	là jiāo miànr	一撮~	27
来历	lái lì	一段~	37
狼	láng	一匹~	94
		一群~	103
		一条~	119

汉语量词 图解词典

米	mǐ	两把~	2
		一杯~	9
		两袋~	29
		几十颗~	72
米饭	mǐ fàn	一碗~	127
秘密	mì mì	一宗~	152
蜜蜂	mì fēng	一群~	102
		一窝~	129
		一只~	144
棉花	mián hua	一堆~	38
		一团~	125
面	miàn	两袋~	29
		一团~	125
面包	miàn bāo	两袋~	29
		几片~	96
面条	miàn tiáo	几根~	54
苗	miáo	两株（幼）~	150
名片	míng piàn	一盒~	58
		一张~	139
名胜	míng shèng	一处~	20
明信片	míng xìn piàn	一沓~	28
		两张~	139
命	mìng	一条~	122
命令	mìng lìng	一道~	31
		三条~	122
膜	mó	一层~	15
摩托车	mó tuō chē	一辆~	81
墨水儿	mò shuǐr	几滴~	32
		一瓶~	99
		一手~	107
木头	mù tou	三段~	36
		一根~	53
		两截~	68
		几块~	77

N

耐心	nài xīn	一点儿~	33
泥	ní	一摊~	114

年纪	nián jì	一把~	3
年轻人	nián qīng rén	一班~	4
		一帮~	7
		一伙~	60
鸟	niǎo	一群~	103
		一只~	144
牛	niú	一群~	102
		两头~	124
牛奶	niú nǎi	一杯~	9
		一袋~	28
		两盒~	58
		一瓶~	99
		两桶~	123
纽扣儿	niǔ kòur	几颗~	72
		六粒~	80
		一排~	89
农民	nóng mín	一户~	59
		一名~	88

P

盘子	pán zi	两只~	147
炮	pào	一尊~	153
炮弹	pào dàn	三发~	43
培训班	péi xùn bān	一期~	100
朋友	péng you	一班~	4
		一帮~	7
皮肤	pí fū	一块~	76
皮革	pí gé	三块~	76
皮鞋	pí xié	一双~	110
啤酒	pí jiǔ	一杯~	9
		一瓶~	99
		一桶~	123
票	piào	一沓~	28
		两张~	139
苹果	píng guǒ	两只~	146
屏障	píng zhàng	一道~	30
葡萄	pú tao	两串~	22
		一挂~	56

汉语量词 图解词典

汉语量词 图解词典

		两则 ～	137
小伙子	xiǎo huǒ zi	一帮 ～	7
小将	xiǎo jiàng	三员 ～	136
小麦	xiǎo mài	一把 ～	2
		几粒 ～	79
小说	xiǎo shuō	一本 ～	10
		一部 ～	12
		一篇 ～	95
小偷	xiǎo tōu	一帮 ～	7
肖像	xiào xiàng	一幅 ～	48
笑话	xiào hua	一则 ～	138
笑脸	xiào liǎn	一副 ～	50
笑声	xiào shēng	一串 ～	23
协议	xié yì	一份 ～	47
		一项 ～	132
鞋	xié	一双 ～	110
		两只 ～	145
血	xiě	一滴 ～	32
心	xīn	两条 ～	122
心得	xīn dé	一份 ～	47
		一篇 ～	95
心情	xīn qíng	一份（好）～	47
心血	xīn xuè	一份 ～	47
新闻	xīn wén	一版 ～	5
		一篇 ～	95
		一则 ～	137
薪水	xīn shui	一笔 ～	11
信	xìn	一封 ～	48
信封	xìn fēng	一沓 ～	28
信息	xìn xī	二手 ～	108
信仰	xìn yǎng	一种 ～	149
信用卡	xìn yòng kǎ	一张 ～	140
星星	xīng xing	七颗 ～	72
行为	xíng wéi	一种 ～	149
形势	xíng shì	一派（大好）～	90
兴趣	xìng qù	一种 ～	149
兄弟	xiōng dì	一对 ～	41
熊猫	xióng māo	一只 ～	145
序言	xù yán	一篇 ～	95
悬崖	xuán yá	一处 ～	21

选手	xuǎn shǒu	一名 ～	88
		一批 ～	94
学生	xué sheng	一班 ～	4
		一帮 ～	6
		一队 ～	39
		一名 ～	87
		一批 ～	93
		一群 ～	102
雪	xuě	一层 ～	15
		一场 ～	16
		一堆 ～	38
雪花	xuě huā	一片 ～	96

Y

压岁钱	yā suì qián	一笔 ～	10
鸭子	yā zi	一群 ～	103
牙	yá	两颗 ～	72
牙膏	yá gāo	一管 ～	56
		两支 ～	142
岩石	yán shí	一块 ～	77
研究生	yán jiū shēng	两名 ～	86
		一批 ～	94
盐	yán	一把 ～	2
		一撮 ～	27
		一袋 ～	28
		一点儿 ～	32
眼睛	yǎn jing	一对（大）～	40
		一双 ～	109
		两只 ～	146
眼镜	yǎn jìng	一副 ～	50
演出	yǎn chū	一场 ～	18
焰火	yàn huǒ	一簇簇 ～	26
羊	yáng	一群 ～	102
		几头 ～	124
羊肉串儿	yáng ròu chuànr	五串 ～	22
阳光	yáng guāng	一片 ～	98
		几束 ～	109
		一线 ～	131
样子	yàng zi	一副（惊讶

汉语量词 图解词典

羽绒服	yǔ róng fú	一件～	65
雨	yǔ	一场～	16
		几点～	32
玉米	yù mǐ	一把～	2
		一棵棵～	71
		十几粒～	80
		几株～	150
预算	yù suàn	一笔～	10
寓言	yù yán	一篇篇～	95
		一则～	138
鸳鸯	yuān yang	一对～	40
元素	yuán sù	那些～	134
园林	yuán lín	一处～	21
		一片～	97
原则	yuán zé	三项～	132
约定	yuē dìng	一份～	47
月光	yuè guāng	一线～	131
月亮	yuè liang	一轮（圆圆	
		的）～	82
乐器	yuè qì	一件～	66
云	yún	两朵～	42
		几片～	96
		一团（乌）～	126
运动	yùn dòng	一场～	18
		两种～	149
运动会	yùn dòng huì	一次～	25
运动员	yùn dòng yuán	两位～	129
		一组～	153

Z

杂志	zá zhì	三本～	9
		一份～	45
		一捆～	78
		三期～	100
灾害	zāi hài	一场～	17
		一次～	25
灾难	zāi nàn	一场～	17
		一次～	25

遭遇	zāo yù	一段～	36
责任	zé rèn	一份～	48
渣子	zhā zi	一堆～	38
摘要	zhāi yào	一篇～	95
战斗	zhàn dòu	一场～	17
		一次～	25
战役	zhàn yì	一场～	17
		一次～	25
战争	zhàn zhēng	一场～	17
		一次～	25
章程	zhāng chéng	一部～	12
帐篷	zhàng peng	一项～	34
障碍	zhàng ài	两道～	30
沼泽	zhǎo zé	一片～	98
照片	zhào piàn	一沓～	28
		两幅～	49
照相机	zhào xiàng jī	一部～	13
		一架～	63
针	zhēn	几根～	52
珍珠	zhēn zhū	一串～	22
		一挂～	56
		两颗～	72
		两粒～	80
枕头	zhěn tou	一对～	41
阵地	zhèn dì	一块～	77
争端	zhēng duān	一起～	100
正气	zhèng qì	一股～	55
		一身～	106
证件	zhèng jiàn	一份～	46
证据	zhèng jù	两件～	67
证明	zhèng míng	一份～	47
证书	zhèng shū	一份～	46
政策	zhèng cè	一项～	132
支出	zhī chū	一笔～	10
		三项～	133
支流	zhī liú	一条～	120
支票	zhī piào	一张～	139
支柱	zhī zhù	四根～	54
执照	zhí zhào	一份～	46

职业	zhí yè	一份（好）~	44
植物	zhí wù	几棵~	71
		有一些~	134
		几株~	150
纸	zhǐ	一卷~	70
		两页~	136
		一张~	140
纸巾	zhǐ jīn	一包~	7
		一盒~	58
指标	zhǐ biāo	两项~	132
志愿者	zhì yuàn zhě	一名~	87
制服	zhì fú	一件~	65
		一身~	105
		两套~	118
中学	zhōng xué	一所~	112
中药	zhōng yào	一包~	8
钟	zhōng	一口~	73
粥	zhōu	一点儿~	33
		一碗~	127
皱纹	zhòu wén	几道~	30
		几丝~	111
		三条~	121
猪	zhū	一口~	73
		两头~	124
		一窝~	129
竹子	zhú zi	几根~	53
		两节~	68
		许多棵~	71
住宅	zhù zhái	一处~	21
		一所~	112
		一套~	116
注释	zhù shì	三条~	122
著作	zhù zuò	一本~	10
		一部~	12
专家	zhuān jiā	一名~	87
专利	zhuān lì	两项~	133
砖	zhuān	一堆~	38
		一块~	77
传记	zhuàn jì	一本~	10
		一部~	12
装备	zhuāng bèi	两套~	117
桌子	zhuō zi	一趟~	115
		一张~	141
姿态	zī tài	一副（高高在上的）~	50
资产	zī chǎn	一笔~	10
资金	zī jīn	一笔~	10
资料	zī liào	一批~	93
		两组~	153
子弹	zǐ dàn	两发~	43
		五枚~	83
字	zì	一笔好~	11
		两行~	57
		几趟~	115
		一轴~	150
字典	zì diǎn	一部~	12
		一套~	118
字母	zì mǔ	两行~	57
字幕	zì mù	一行~	57
自行车	zì xíng chē	一辆~	81
		一排~	89
踪迹	zōng jì	一点儿~	33
总结	zǒng jié	一份~	47
走廊	zǒu láng	一道~	29
		一条~	121
足球	zú qiú	一只~	147
钻石	zuàn shí	两颗~	72
		一粒~	80
嘴	zuǐ	一张~	141
嘴唇	zuǐ chún	两片~	96
作品	zuò pǐn	一本~	10
		一部~	12
		一件~	67
		一篇~	95
作文	zuò wén	两篇~	95
座位	zuò wèi	两排~	89

汉语量词 图解词典

汉语量词 图解词典

汉语量词 图解词典

汉语量词 图解词典

汉语量词 图解词典

汉语量词 图解词典

汉语量词 图解词典

汉语量词 图解词典